超级说服力

在任何场合说服任何人

话不在多，有效才是硬道理！

让你说的每一句话都深刻入骨，让你说的每一句话都打动人心！

李 劲◎著

古吴轩出版社

中国·苏州

图书在版编目（CIP）数据

超级说服力 / 李劲著. —苏州：古吴轩出版社，
2016.1（2018.4重印）
ISBN 978-7-5546-0602-5

I. ①超…　II. ①李…　III. ①说服—通俗读物
IV. ①H019-49

中国版本图书馆CIP数据核字（2015）第311545号

策　　划： 穆　穆
责任编辑： 徐小良
见习编辑： 顾　熙
装帧设计： 润和佳艺

书　　名： 超级说服力
著　　者： 李　劲
出版发行： 古吴轩出版社
地址：苏州市十梓街458号　　邮编：215006
Http：//www.guwuxuancbs.com　　E-mail：gwxcbs@126.com
电话：0512-65233679　　传真：0512-65220750
出 版 人： 钱经纬
印　　刷： 大厂回族自治县彩虹印刷有限公司
开　　本： 787×1092　1/16
印　　张： 14.5
版　　次： 2016年1月第1版
印　　次： 2018年4月第5次印刷
书　　号： ISBN 978-7-5546-0602-5
定　　价： 35.00元

前言 Preface

悟透说服心经，举手投足都是说服力

为什么我们在某些领导的带领下，会任劳任怨，在另一些领导者手下工作的时候，却总是敷衍了事呢？为什么我们会因为跟某些慈善家沟通后，大为感动，甚至以实际行动或大量的财力共襄盛举，而对身边至亲之人的规劝，却总是充耳不闻呢？

为什么有些师长的教诲，会改变我们的一生，而爸妈无论说得有多好，却总是让我们不想听呢？为什么有些人的意见，常常会得到同事们的支持，而有些人的意见却不受重视呢？

到底是什么让我们变得固执，而不愿意接受别人的说教？而又是什么触动了我们的心灵，让我们不在执拗，而接受他人的意见呢？

答案很简单，都是因为说服力！说服力的强弱，直接导致同样的事情出现迥然不同的结果。有说服力的人，获得他人的认同，造就非凡的功业；而没有说服力的人，却只能终日黯然，碌碌无为。

那么，说服力是天生吗？不，思考和学习才是说服力的源头。一个人愿意去学习，同时会动脑筋去揣摩，那么用不了多久，就会变得很有说服力。要是这个人放弃思考，放弃学习，那么说服力必将离他而去——他的思维将变得僵化，他的话语将变得无味，如此，又怎么会有说服力呢？

不要忽略说服力的修炼，说服遍布生活的每个角落。看看我们的生活，你就会发现，很多时候，我们做事是因为有人劝说我们去那样做——你以为自己是主动、自发的，其实不是，你只是被人说服了而去做某事而已。

早晨起床是因为从小父母就劝说我们如此去做；我们住在现在的居所，是因为某人说服了我们在那儿购买或租用了那所房子；我们现在日常过日子要遵守国家法律，那是因为以前有人劝说过我们去这样做；我们不说谎，不欺骗别人，不盗窃，是因为有人劝说过我们而采纳了一套道德和伦理标准。

事实就是这样，每天醒来，我们都会发现自己被说服所包围。在被他人说服的同时，我们也在努力试图去说服他人：你想在早晨睡懒觉，除非你有好理由说服父母，否则，他们肯定会不断地打扰你的美梦；你想要买到便宜的房子、车子，那么你就要说服对方降价；你不想做家务，就要给老婆一个偷懒的理由——也许每天抱一抱她，亲一亲她，然后鼓励一下她，她就会很开心地主动承担家务劳动，而不再追究你的懒惰了……

说了这么多，其实就是想要告诉你：要么被人说服，要么说服别人，你没有第二条路可走。这听起来似乎挺无奈，其实不然，只要你具有超强的说服力，那么突破“重围”，杀出一条“血路”是可能的——只要你愿意按照本书所说的去做，至少你能省事不少，毕竟用几句话便把事情解决，远比动手做事要轻松得多。

本书分析了缺乏说服力的原因，讲述提升说服力的方法，以及具体的说服技巧，其中涉及实际生活和工作的方方面面，你可以从本书中系统地学习到关于“说服”的知识，并掌握实用的说服技巧。

最后再次强调，不要忽略说服力的修炼，如果三言两语便能解决问题，又何必大费周章呢？

Part 01

Part 02

Part 03

Part 08

结 语

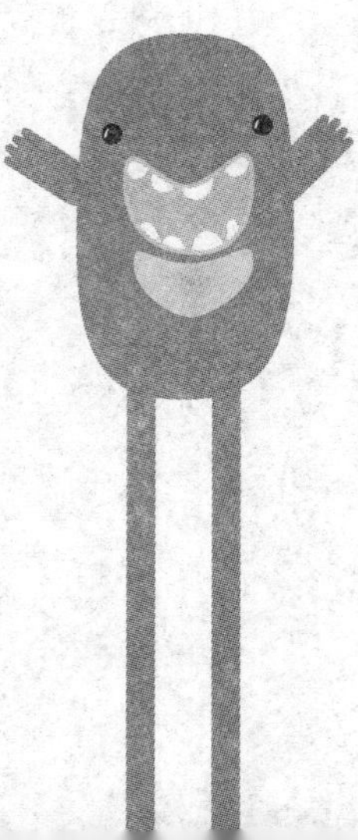

生活中，我们总是想说服别人，想让别人接受我们的意见、建议、主张和批评；我们费尽心力，就是想让别人相信我们所说的话是对的。可是结果总难如愿，许多人讲了一箩筐的话，却总是竹篮打水一场空，毫无效用。为什么会这样？

在本章，我们将告诉你一些有关损害说服力的原因，同时，也提出了清除这些不利因素的方法。如果你能够按照本章所提供的方法去做，调整自己的行为和态度，将大幅度提升你的说服力。不相信的话，你可以试一试！

Part 01
为什么Ta拒绝被你说服

原因一：争一个“理”字，却输掉一个“情”字

有两只兔子争论一个观点。白兔子说：“红萝卜好吃。”灰兔子说：“白萝卜好吃。”两只兔子争执不下，就找德高望重的老兔子来做判断。老兔子看着两只小家伙说：“你们知道什么，胡萝卜才是最好吃的！”于是争论变得更热烈了，但是它们始终都没有争出个结果……

这个故事，是想要告诉你一些道理：像这个故事中的那种争论，根本没有必要。

生活中有许多事情，其实都没有争论的必要。特别是在你进行说服的时候，更应该避免与人争论不休。对于说服者来说，争论是一个陷阱，它将导致说服者的计划走向破产！

事实上，除了浪费口水和精力外，争论不仅不会让你显得博学多识、口才出众，反而会让你变成一个心胸狭隘的人。更糟糕的是，争论不能解决任何问题，却能让人生气。

争论中不会产生赢家，有一方哪怕表面上似乎占了上风，实际上也不会取得最后的胜利。从本质上来说，你还是输了——即使你把别人驳得体无完肤，你又得到了什么好处呢？除了暂时的沾沾自喜之外，你只能让对方的自尊心受到了严重的伤害，让对方因此讨厌你，甚至怨恨你。

最重要的是，你的目的完全没有达到——争论并不能改变对方的想

法，也许对方在口头上承认你说得对，但是他的心里也不会服气的。很显然，你只是赢了辩论，而没有真正地说服对方。

亚当斯是位很有经验的司机，他几乎没受过什么教育，但是口才非常好，他很喜欢和别人辩论，而且，每次他都能在辩论中胜出。

因为他对于汽车非常熟悉，后来就做了汽车推销员，但是很长一段时间内，他都没有能够卖出去一辆汽车。他十分困惑，不知道自己的问题出在哪里。后来他去找销售培训师指点自己。

销售培训师观摩了亚当斯的推销过程，立刻发现他的问题所在：不管是谁，如果说出了不符合亚当斯的心意的话，他就会毫不犹豫地当场辩驳。

“不可否认的是，你是一个非常出色的辩论家。从你得意的神色就可以看出来，你对自己的口才也是相当满意的。但是亚当斯，我想说的是，你的头脑有病吗？”

亚当斯脸上立刻没有了得意，当时就想要发作。培训师挥了挥手，打断了他，然后严肃地对他说：“你以为我说错了吗？你是想要和我辩论吗？但是亚当斯，我告诉你，我不想和你辩论，也没有必要和你辩论。我现在只是想要告诉你，你错了。”

亚当斯又想发言，培训师再次挥手打断了他：“你不要说话，现在你要听我说，因为我能告诉你，你的问题出在哪里。因为我能教你，该怎么做才能出单。”

亚当斯的脸憋得通红。培训师看着亚当斯的眼睛，大声地说：“请问，你为什么要与有意购买汽车的人发生争执并激怒他们呢？请问，这样做，对你有什么好处吗？你赢了辩论，感觉很得意吗？但是，你的业绩是零！你有什么好得意的呢？你知不知道，你的目的是说服他们，而不是和他们争吵！”

被销售培训师一顿抢白，亚当斯无话可说。这个时候，培训师才缓了缓口气，平心静气地说：“亚当斯，你现在是否觉得胸口发闷，非常不爽呢？这就是在辩论中失败后的感受，也就是你那些客户的感受。你能够体会到吗？如果你能够体会，那么你就应该明白，你最需要的不是学习如何讲话，不是如何表现你的口才和辩论技巧，而是学会保持谦恭，管好自己的嘴巴，不要和任何人发生口头冲突。你想一想，是不是这样？”

讲完道理，销售培训师对亚当斯进行了指导。亚当斯随即便对自己的行为进行了调整和改正，很快，他就出单了。

亚当斯的故事有没有给你带来感慨呢？你有没有过亚当斯那样的行为呢？如果有，那么静下心来好好想一想吧。

记住，辩论能够给你带来心理上的满足感和思想上的收益，但它不是说服的好方法。如果你在说服过程中采用辩论的技巧，那么只会激发对方的逆反心理，让气氛更紧张，反而不能说服对方。如果你是一个说服者，你就要记住自己的目的是要说服对方，而绝不是与对方争论不休。

仔细去观察一下生活中的人和事，你会发现，那些每次跟女朋友吵架能赢的人往往都会成为单身。为什么？只要不是傻瓜，就应该明白，吵赢了对方，不代表你真的说服了对方。所以，若你足够明智，就不要与对方发生争吵。

下面是几个小技巧，能够帮助你走出争论陷阱：

（1）“我又陷入争论了吗？”时常留意自己的状态和谈话的气氛。及早察觉到即将或已经陷入争论，是从争论的泥潭中出来的拐点。

（2）“这件事重要吗？”一旦察觉到正在争论或有争论的倾向，自问："这件事重要吗？"夫妻之间，绝大多数争论都是鸡毛蒜皮的小事，完全可以一笑了之。不要缠绕在争论里，使得一整顿饭都吃得不愉快，或破坏一个良宵。

（3）"我一定要现在说服他/她吗？"如果谈话的气氛不愉快，是很难靠争论或争吵说服别人的。即使是重要的事，也不一定要现在说服他/她。如果争论起来让气氛变得不愉快了，又不需要立刻说服，不妨先搁下来，等彼此心情好的时候再换一种方式商量。

（4）"我一定要说服他/她吗？"有些事情，是否可以允许对方有着不同的看法呢？双方是否可以各自保留不同的看法呢？别人是否可以不按照我的看法去做呢？如果一定要别人认同自己的看法，一定要别人按照自己的看法去做，否则就恼怒不止，那是"控制狂"，是严重的个性缺陷，这样的人很难处好夫妻关系和其他人际关系。

（5）"没有对错，只有和气。"就像篇头故事里的口味选择，其实现实生活中的很多类似的事往往都没有对错。但是很多人，特别是夫妻，却往往为了对错争论不休，结果闹出大矛盾，从而破坏了双方的感情。

不要因为争强好胜，就与你的说服对象发生激烈的争论和冲突。或许你能够在争论中获得胜利，得到满足感和成就感。但是这种胜利只是短暂的，是毫无意义的。因为你会让对方不服气，会失去对方的好感，如此一来，你又将如何去说服对方呢？

另外，还有一点要注意，不仅不要陷入争论的陷阱，还有注意不要走入强迫的陷阱。有的人之所以与人发生争论，其实就是因为有强迫他人接受自己观点的倾向。

原因二：你没有注意到对方的戒备心理

洽谈业务的时候，我们往往会遇到这样的情况：双方的洽谈一直进行得很顺利，气氛也很和谐、愉快，可是对方却突然改变态度，语气严肃地说道："你说的我都知道了，回公司后，我们再仔细斟酌一下。"

这样的情况会让你很难受，但你不知道问题出在哪里。为什么对方会改变态度，突然翻脸呢？根本原因在于你吓到人家了——让对方产生了戒备和防范心理。这就好像追女孩子，你要是看到人家就流哈喇子，人家一看就知道你动机不纯，能不对你产生警惕吗？说服也是这样，你开始的行为如果表现得太急躁，或者动机太明显，对方就会对你产生戒备心理。

心生戒备的人不喜欢暴露自己的心事，对自己的言行也不负责，因此打招呼或说话的态度都是冷冰冰的、应付式的。他们的态度看上去不失礼貌，但总给人一种疏远的感觉。你要知道，他们并不轻视你，只是因为过于抑制自己，所以往往会言语索然无味，让人觉得敷衍了事。

然而，对方的戒备心理并不是最可怕的事情，最可怕的是你反应迟钝，未察觉到对方的戒备心理而继续说服。这时对方不仅会戴上面具，而且还会扭过脸去，把背朝向你，紧锁心扉。因此，进行说服之前，必须先仔细观察对方的言行举止，判断他是否有戒备心理。

因此，你要随时注意对方的反应，察觉对方是否心生戒备。一位从事贸易的朋友说，他和别人进行生意洽谈时，常常闭着眼睛聆听对方的说话语调，这比通过翻译所传达的意思更能了解对方的脉搏。如果对方平时说话的速度很快，当他们说话的速度缓慢下来时，表示戒备心在逐渐增强。

当你在说服对方的时候，你的说服对象有以下这些表现，那么这就表示对方对你产生了戒备心理：

（1）开始见面时就冷漠无情。

（2）想确认对方的心意，但是对方的回答却暧昧、含糊。

（3）一旦涉及说服的主题，对方说话的速度就突然缓慢下来。

（4）对你的话只是随声附和，并不表示意见。

（5）对于一些无关紧要的事情详细追问，一直保持紧张、严肃的态度。

（6）谈话中，不断移开视线或不断上下打量你。

（7）他的态度突然变得特别客气。

越是神经质的人，戒备心理也就越强。为了不失礼节，他会非常谨慎，在语言表达方面往往会变得很暧昧。还有一种棘手的情形，那就是对方几乎不开口。无论你说什么，他只是回答："是的，你说的有道理。"也有一种人正好与此相反，他们一再追问细节，这也是存在着强烈戒备心理的表现。

另外，如果对方说话的速度突然变慢，字斟句酌，那么可以确定对方的戒备心已达到了极点。

当对方的戒备心理产生了，就会对你的说服产生阻碍。如果你们是初次见面，那么戒备心理带来的阻碍就会更大。即使是老熟人，当他不清楚你的来意，或者察觉到你想要说服他的时候，他也会自然而然地产生一种戒备心理。这时，你就完全像和一个戴着面具的人在说话：对方的真实思想深深地隐藏起来，你根本无法了解。因为不知对方的态度如何，所以你的说服工作也将是束手无策。

那么，面对说服对象的戒备心理，有什么好办法去解决呢？

（1）把握说服的节奏，不要太着急。有的人无法顺利说服他人，是因为不能把握说服的节奏。俗话说，心急吃不了热豆腐。说服人也是这样，表现得太着急了，进展太快，会让人感觉不适应。

（2）学会掩藏说服动机，不要一开始就表明想要说服的全部内容。为了让对方同意你的说法，人们常常会过于详细地向对方说明事情的情形。然而，正如前面已经讲过的那样，人有时会因为太了解事情的真相而产生不安心理。所以，有不少时候自己认为尽心尽意地进行了说服，结果却引起了负面作用。因此，在说服有不安心理的对象时，不要一开始就将说服内容全部告诉对方，这样反而会使说服工作顺利进行。

（3）保持安全距离，避免一开始就表现强势的态度。从事心理工作的人，在进行心理指导时，特别要注意的也是坐的位置和姿势。第一，让患者和自己保持恰当的距离；第二，选择自己轻松舒展的坐姿，而尽量避免正襟危坐。这些举动都可以消除对方的戒备心理。

（4）尽量避免视线相触。一般来说，戒备心比较重的人，不愿意做过多的眼神接触——他怕你通过“心灵之窗”看出他心事。因此，对方通常会故意避开你的视线，以免被你觉察到自己的心理变化。所以在说服对方时，必须注意对方视线、态度的微妙变化。

（5）在发现对方产生戒备心理的时候，不要直接点破。有的人习惯说：“你没有必要这样紧张，不必对我怀有戒心！”这样的话不仅没有任何效果，反而会有相反的效果。因为对方的深层心理被你识破了，他会再加厚心理的屏障，防止你的再次突破。这时候，你就应该停止说服工作，努力做互相沟通的工作。也就是说要建立起连接心灵的纽带。

通常，如果不是特别的情况，我们对家人、亲密的朋友等不会产生戒备心理；但是对于初次见面的人，总会产生某些戒备心理，这是因为尚未了解对方，对他还没有一个正确认识。一旦性情相投，我们就会消除戒备心理，甚至马上会说："既然你这么说，那我就鼎力相助！"这就是比起说服内容来，对方首先接受了说服者。

相反，如果发现对方和自己话不投机，我们马上就会表现出不愉快，戒备心理不但不会消失，反而还会加强。在美国，有人进行了这样的调查：让新来的职员以10分为满分，评价对上司的印象，又以10分为满分，让上司评价自己的部下，以了解双方的沟通情况。结果，两者的分数基本相近。部下与他们认为好的上司在感情方面也很融洽，而与他们认为不好的上司在工作上也配合得不好。

因此，从根本上来说，想要消除说服对象的戒备心理，以便顺利进行说服，我们就要潜入对方的深层心理，与他进行深层心理的沟通，让他对你产生好感。

有个年轻的业务员，平时很喜欢阅读，尤其喜欢中国古代的诗词。工作之余，他最大的爱好就是窝在家里，看看古典诗词。时间久了，他脑子中也就积累了很多这方面的知识，与人说话时总会引经据典，时不时蹦出来几句。

有一次，他去拜访一名客户，那是一位头发斑白的老人家。据说这位老者在经商之前，曾是一所知名大学的中文系教授，是一个非常冷静和理智的人。在这位年轻业务员来到之前，已经有不少同行前来和这位老人家洽谈业务，希望能有所收获，但是面对老人家咄咄逼人的气势，所有的人都铩羽而归。

年轻业务员了解了这些情况，不由心生忐忑，他认为自己很有可能也会在对方那咄咄逼人的气势中败下阵来。

事实上，他的推测很准。在他刚接触老者的时候，对方的表现也十分冷淡。他做这一行已经有好几年了，早已练就了过硬的心理素质，因此虽然对方表现冷淡，但他还是不愿意放弃，而是极尽口舌之能，尽量拣好听的话说，试图让对方改变态度。可是无论他如何去说，老者还是没有一点儿合作的意向。

人的耐心终归是有限的。年轻的业务员察言观色，发现对方确实没有合作的意思，他的心情也就黯淡下来，有了放弃的念头。人就是这样，心里面有很大期望的时候，往往会束手束脚，无法放开，而一旦没有了期望，反而可以真正放开。在走之前，他不再期望能够和对方达成合作，就轻轻松松地和对方交流起来。

就在这个时候，他的古文素养得以表现出来。他与对方说话，时不时来上几句贴切的古典诗词，使他的语言更有魅力。他的改变使老人家微微一愣，不由多打量了他几眼，不过，却没有多说什么。

从老人家那里离开后，年轻的业务员认为自己肯定无法抓住这个客户了。

可是让他没有想到的是，几天后，他却意外地接到了对方打来的电话。在详细了解情况之后，老人家愉快地和他签了合同。

再后来，他和那位老人家成了朋友。聊起这件事，老人家告诉他："本来，我是不准备和你签合同的，我觉得你们业务员做事和说话的目的性都太强，讲话务虚的多，务实的少，经常会误导别人。但是后来你不打算卖产品给我，放松下来聊的时候，我才知道你对古典诗词很了解，很显然在这方面是花了功夫的，这样的人现在可太少了。我觉得，愿意读书尤其是诵读古典书籍的人，人品通常不会太差，与其找别人签合同，还不如找你这样的人签呢！”年轻的业务员这才恍然大悟。

由此可见，说服动机太明显，反而落了下乘！真正高明的说服者，是通过个人的品格和形象来赢得人心的。

原因三：想消除别人的偏见，自己却抱有偏见

小谢和小莫都是推销员，在同一家公司工作，他们的任务是推销床。小谢属于那种能说能干型的，而小莫属于那种少言寡语的慢性子。然而，令人惊奇的是，小莫的推销业绩竟然一点也不逊色于小谢，其推销能力有时甚至比小谢更强。

有一次，小谢拜访了一名患有严重耳病的客户，由于客户的听力非常差，很担心推销员会利用他的身体缺陷而欺骗他，因此防备心理特别严重。小谢见了他几次后，就失去了说服他的信心，于是不得不放弃。

小莫捡起了这个客户的资料，却很快成交了，这位被小谢认定很难搞的客户，竟然一下子从小莫的手里买了6张床。那么小莫到底是用什么方法说服他的呢？

原来，看上去少言寡语的小莫放弃了口头交谈，而改用笔谈。笔谈虽然需要耐性和时间，但是，最终小莫获得了成功。

为什么小谢没有想到像小莫那样做？不是因为他懒，也不是因为他不够聪明，而是因为他根本就没有去想，因为他的脑袋里存在着和其他推销员一样的偏见："既然是聋子，说了也没用，何况他的防备心理这么严重，生怕被人欺骗，怎么可能被人说服呢？"

本来客户的心里就存在着严重的偏见——担心被人欺骗。这个时候，

作为销售员，应该做的是想办法去消除客户心中的偏见，而不是发展自己的偏见。

偏见只会让你的说服工作困难重重。小谢选择了放弃，就是因为他的偏见使他认定这位客户无法被说服。而小莫没有这样的偏见，他心里想的是如何消除客户的偏见，以便更加流畅地沟通。

当小莫发现对方是耳病患者之后，没有采取一贯的推销办法，反而积极地采取了笔谈的特殊方式，这不仅解决了向对方的推销方式问题，而且还赢得了对方的好感——采用对方喜爱的交流方式，用白纸黑字进行交流，会让这位客户感到很安全，客户的偏见自然而然就消除了。这样，说服的工作也就会更加顺利了。

小莫的说服故事告诉我们，在说服的过程中，首先要去除自己心中的偏见，同时，也想办法消除别人心中的偏见。事实上，心存偏见是说服失败的一大原因，无论是自己心中的偏见，还是别人心中的偏见，都会对我们的说服工作带来障碍。因此，我们应该记住小莫的故事，学会处理说服工作中的偏见问题。

偏见是客观存在的，是无法拒绝的。有位说服专家说："要说服一个人的时候，不能将他视为理性的动物，而应该将他视为感性的动物，他是充满偏见与先入之见而与人处事的。"这句话说得很对，有时会出现这样的情况，我们认为合理的事物，对方在深层心理却不认为如此。

对于偏见，我们无法拒绝，但可以采取恰当的方法进行消除。下面是在说服过程中处理偏见的一些技巧：

（1）看看对方是否有断定性的话语。通常，对方的偏见会在"断定性的口气"中表现出来。在各种说服场合中，我们有时会有意、无意地表现出自己的评价基准，例如，"那家百货公司的东西很贵""老年人比较顽固”“独生子比较娇气”“老人爱唠叨”“政治家善于撒谎”“嘴上无毛，办事不牢”“年轻人总是那么鲁莽”等等，这些断定性的观念其实就是偏见。

（2）看看对方是否有转折和反驳的语句。有些人虽然态度非常诚恳、谦虚，但是对于你所说的话总是以“可是……”“但是……”或“虽然如此，但是……”等形式进行委婉地反驳，这些人也往往是在深层心理早已经有了自己的想法和成见。这时，如果你说话中出现了错误，他就会认为“果然是……”“还是……”等。例如他会认为，“果然是我的想法正确”“这个人果然是那样”等，这样他会强化自己的成见或偏见。

（3）在不能确定对方的偏见为何时，尽量少开口，以免妨碍以后的说服。一位经验丰富的记者说，采访的成功秘诀是“在开始的时候，尽量少发表自己的见解，而多提一些问题”。的确，对于初次见面的人，尤其是你不知道对方有什么样的偏见时，万一你说得不当，将会一无所获。因此在说服之前，可以多试探地提问题，多了解对方的看法。

当你了解到了对方的偏见后，你该怎么做呢？许多人会选择辩论，希望从话语上战胜对方，从而改变对方的偏见。如果你这样做，那么你的说服工作基本上就是失败的。看看下面这个案例，你就会明白，聪明的说服者会怎么对待别人的偏见。

在某次午餐会上，销售人造黄油的公司派出了调查人员询问很多女士她们是否能够辨别人造黄油和奶油，当时有百分之九十以上的妇女回答说“可以”，她们说人造黄油有腥臭味等。

于是，调查人员发给她们每人黄、白各一块奶油状的食品请她们品尝。结果，百分之九十五以上的妇女认为黄色的是奶油，她们说味道“新鲜”“纯正”，认为白色的是人造黄油，并说有腥臭味。

但是，她们大多数人的观点与事实恰恰相反，黄色的是人造黄油，白色的是刚刚制造出来的奶油。也就是说，这些妇女仅仅是靠从颜色形成的偏见来区别奶油和人造黄油的，至于“腥臭味”的评价更是毫无根据。

那些暴露了自己的“味觉迟钝”而陷入尴尬处境的女性们会有什么反应呢？想必你对此很感兴趣。但是，销售人造黄油的公司对此没有兴趣，这些调查员根本不想去了解别人的尴尬，更没有想过让别人尴尬，他们绝不会露骨地说：“太太们，你们说这奶油有腥臭味是不是有些味盲呢？”

聪明的说服者不会揭破对方的偏见，在他们看来，这是最为愚蠢的行为，那会让人讨厌你，对你产生坏印象。

那么他们做了什么呢？他们改变了宣传的口号，不再说“人造黄油媲美奶油”之类的话了，而是宣传人造黄油能够给人们带来的“满足感”，他们的宣传语变成了“人造奶油拥有更好的口感，能够增强食欲，让人更有胃口”之类的话。于是，家庭主妇们一点儿也不尴尬，而人造黄油的销量则大大提高了。

简单地说，即便你已经知道对方的偏见或成见，也没有必要揭破，免得造成尴尬，让人对你的印象不好。你可以暗示对方其看法不具有普遍性，而只是由他个人的经历形成的例外情况，但你没有必要直接辩驳对方。

原因四：你说了一些伤害对方情感的话

说话的目的，主要是为了让人心服口服，同意你的建议和想法。但请记住，攻心的对象，是有血有肉有感情的，如果你不注意对方的情感需要，随便乱说，就很可能让人难堪，最终使你的说服工作流产。

沃尔顿先生到市中心的一家百货商场买了一套西服。可是当他穿上这套西服之后，却感到非常失望；因为西服褪色了，而且很糟糕，竟然把他的衬衣领子都弄黑了。

于是沃尔顿先生将这套衣服带回商场，找到售货员，告诉他有关的情况。可是他还没有把话说完，就被对方简单粗暴地打断了。

“不好意思，这位先生，这种衣服我们已经卖出去好几千套了。”这位售货员还一本正经地说道，“而你是第一个来挑毛病的。”

售货员所说的话和说话的腔调，让沃尔顿先生非常恼火，他似乎听到对方正在对他说：“嘿，你是一个骗子吧，想讹诈我们，门儿都没有，赶快拿着衣服滚回去吧。”

于是沃尔顿先生与那名售货员吵了起来。正在两个人吵得不可开交的时候，旁边又走过来一名售货员。新来的售货员对沃尔顿先生说：“所有的黑色衣服刚开始穿时都会褪色，再说这件衣服这种价格，也只能是这样了。”

听到这句话，沃尔顿先生再也忍不住了，顿时火冒三丈，正想开口大骂之际，商场的售货部经理走了过来。结果，售货部经理很快就改变了沃尔顿先生态度，化解了他的怒火。

那位经理又是怎么做的呢？他首先是静静地听沃尔顿先生讲了一遍事情的经过，没有插一句话。等到沃尔顿先生说完后，那两个售货员又想说他们的意见，但是这位经理没有让他们说下去，而是站在沃尔顿先生的立场斥责了他们。

接着，他指出沃尔顿先生的领子确实是被西服弄脏的，并且坚持说如果商品不能让顾客满意，商店就不应该出售。最后，他承认他不知道这套西服为什么会这样，并坦率地对沃尔顿先生说："你希望我如何处理这套衣服？你说什么我们都可以努力做到。"

几分钟前，沃尔顿先生还想让他们将那套衣服留给他们自己，但是面对这位态度良好的经理，沃尔顿却说："我只想听听你的意见。我想知道这种情况是暂时的，还是无法解决。"

于是，那位经理建议："先生，这样吧，你可以再穿一个星期看看，如果到时候你仍然觉得不满意，我们一定给你换一套满意的。对此，我们非常抱歉。"

沃尔顿接受了这个建议，走出了这家商店。一星期后，这套衣服再也没有什么毛病，而沃尔顿对那家商店的怒火也平息了。

那两名售货员为什么说服失败？因为他们所说的话，让沃尔顿很难堪：第一个售货员怀疑他的诚实，第二个暗示他买了一件低档货。作为一名顾客，你听到那样的话，估计也会愤怒吧。

而那位经理之所以能够当上售货部经理，正是因为他懂得说话的艺术。至于他的两位下属，也只能当店员；或许他们做店员都不太适合，他们应该被调到包装部去，永远不要和顾客打交道。

如果沃尔顿先生继续和那两个店员周旋，即使他们最终答应帮沃尔顿先生退换，也无法消除他被误解的怨气。同样一件事，不同的人用不同的方式处理，就会收到不一样的效果。

如果你在说服的过程中，为了避免使用了一些不太恰当的、让人那堪的言辞，最好进行换位思考，想想对方喜欢听什么话，讨厌听什么话。时常进行反省，于人于己都是十分有利的。

（1）注意说话的方式，少说丧气话，多说人家爱听的话。百货公司里的化妆品专柜小姐，她永远都不会说的两个字是“老”和“丑”。每天，都会有一些中老年妇女来到专柜前，说自己皱纹又多了几条，脸上的黑斑又跑出来了，眼袋似乎越来越明显了……其实她们不是要找专柜小姐承认自己的老和丑，而是渴望别人给她一点希望，让她重新拥有自信。

这时候，那些业绩惊人的专柜小姐们都会说：“哪里啊？您看起来就像我的姐姐，甚至更年轻呢！”“不会！您这个年纪，这点黑斑算是很少的。我看过很多女演员，年纪轻轻的，黑斑比您的多很多呢！”“您的皮肤保养得真好！看起来又白又嫩，只是水分稍微少了点，我们刚好推出一组保湿美白的乳液，挺适合您用，要不要试试看？”

“我看看！这鱼尾纹每个女人都有，您的一点也不深，而且我敢保证您生活的一定很幸福。幸福的女人常常笑，笑得多了才有鱼尾纹。而且您笑起来眼睛特别有魅力，如果我是帅哥，一定要追您！来，这瓶除纹霜可以让您的鱼尾纹变得更浅，慢慢地皮肤又会紧实了！”

老实说，这些专柜小姐个个都比心理医生还厉害啊！全部是攻心说话的高手。一个从事心理咨询的医生说：“对女人来说，最好的心理医生是化妆品专柜小姐，很多有执照的心理医生，在恢复病人自信的功力上，都比不上她们。”

（2）注意说话的态度，不要摆出高高在上的姿态。有些人之所以说服失败，是因为姿态过高，看上去太拽。摆出一副高高在上的姿态，只会让人讨厌你。而在对方讨厌你的情况下，你想要说服别人是很困难的。你要知道，说服需要平等的会话。在现实生活中，许多人不了解这一点，当我们想说服一个人的时候，要么是苦口婆心地劝导，要么是像老师对待学生或家长对待孩子一样，要求对方接受自己的想法。

将心比心地说，谁都不喜欢别人高高在上地面对自己。如果一个人高高在上地对你的行动指指点点，你的感受肯定不会太好。哪怕对方是真心实意，要是摆出施舍的样子，也会让人觉得难以接受。

因此在说服的时候，要注意自己的说话方式，最好不要说：“你来看我是怎么做的。”这样的表述，无疑是在告诉对方，你比对方高明，很容易引起对方的反感。

对于很多人来说，放下身段、放低姿态实在是人生中难以达到的境界。也正是这个缘故，身份地位越高的人，若能放下身段、放低姿态，与别人交流，就越能够让人钦佩。很多时候，低姿态的人恰恰是最聪明的说服者。

张爱玲说过：“低到尘埃里，并且在那里开出花来。”无论你是得意还是失意，无论你是成功还是失败，无论你是幸福还是不幸，永远不要忘了表达自己的谦虚，放低自己的姿态。与对方进行平等的会话，来增强自身的说服力。

（3）注意说话的内容，不要做“在别人的伤口上撒盐”的事情。

有这样一个人，他个性开朗大方，但就是说话不经过大脑。他工作单位的办公室主任是一位个子不高、亲切和善的中年男人。有一天午休时，大家都在会议室里聊天，办公室主任也站着跟同事在说说笑笑。

就在这时，这个人走了进来，看到办公室主任就说："咦！原来主任你比某某人还矮啊！我还以为你比他高呢！奇怪，今天他看起来怎么比你高呢！"

说完，他一个人放声大笑，在场的所有人都一脸尴尬，不知如何是好。那位亲切的主任则是左脸笑，右脸抽筋，怔在原地不知说什么好。结果，不到半个月，这个人就被公司辞退了。此外，办公室主任再也不站着和人聊天了。

打人不打脸，骂人不揭短。只要是人，就有短处，就要脸面。揭别人的短处，与打脸无异，让人倍感丢脸，自然不得人心。如此一来，如何说服？因此说话要懂人心，尽量避免在别人伤口上撒盐。

原因五：你没有花心思寻找一些说服的理由

剑桥大学心理学教授萨托·埃尔文做过一个著名的实验，实验的背景是大学生的日常生活。有许多学生在排队等着使用打印机，这时候，教授让一个人走到队伍的前面，对大家说：“很抱歉，各位能让我先打印吗？我赶时间。”这时候，大约有六成的人允许这个人排到自己前面。而这个人说：“很抱歉，能让我先来吗？因为我需要打印好几份文件，这些文件急着要用。”这个时候，有九成以上的人都同意让这个人先打印。

同一个人，同样的对象，同样的信息内容，为什么取得的效果不同？细心的朋友们会发现，是信息排列组合的方式不同导致了不同的结果。在后一种说法里，“因为”一词起的作用尤为重要，正是这个词让人们条件反射地答应了他的要求。

使用“因为”这个关键词，可以触发对方的潜意识反应，使对方相信你那样做是有原因的，而不是无的放矢。绝大多数人会马上自动地说“好的”。信不信由你。即使你给出的理由很弱，甚至是没有意义的，只要你使用了“因为”这个词语，仍然可以带来积极的答案，让对方答应你。如果你想要说服别人，或请求别人的帮助，无疑，这是一个极好的技巧。

事实上，有时候对方根本就没有听明白具体的原因。只要听见“因为”这个词，他们的潜意识就会立即告诉他们：“噢，有道理！看来一定是事出有因的，我应该答应他。即便不能答应他，我也应该表示同情，尽量给他一些建议或帮助。”

你不要小看这样的小技巧，你可以尝试，你会发现这实际上很有趣。在说服别人的时候，使用“因为”，然后告诉对方原因，你会发现你得到肯定答案的机会将大大增多。对方忽略你所说的其他信息，而更加专注于“因为”两个字，以及“因为”后面的描述。

这就是“因为”的作用，它会让你的话语变得更有力量，更有效用。为什么会这样呢？其根本原因在于人们的心理有一种渴望得到解释的倾向。

下面是关于该技巧的另一个事例：

有个人开着车，载着朋友到了一个车位拥堵的停车场，等他到达的时候，那里已经挂上了“已满”的牌子。穿着黄色外套的停车场工作人员正在挥舞着指挥棒劝人们离开。朋友看到这样的情况，心情很是郁闷，立即建议他：“找别的地方停车吧。”

但是这个人没有这样做，他笑着说：“放心吧，他一定会让我们进去的。”当时，他不理睬工作人员挥舞着的指挥棒，直接冲进去。然后打开车门，愉快地向工作人员说：“我知道车位已经满了，你能帮我们找到一个车位吗？因为要找其他的停车场，实在太困难了，我对于这里完全不熟悉。”

这个人提出了请求，但他更刻意地强调了“因为”。然后，工作人员什么也没说，放他们进去了！

你也许会怀疑这个故事的真实性，这简直令人难以置信，对吧？这看起来很让人吃惊，其实并没有什么特别之处，当然，不能保证每次都能成功，不过如果你不去试一试，怎么就知道这个方法不行呢？所以不要急着下结论，下次如果你遇到类似的事情，也可以采用这样的技巧，看一看“因为”二字，所能产生的积极效果到底有多少。

当然，仅仅依靠“因为”这两个字是不够的，你有必要让这两个字后面的内容变得充分起来。只有充分的理由，才能让你更有说服力。如果你的说服理由太逊，那么想要说服别人是很困难的。许多人不能说服他人，就是因为给出的理由不够充分，不够动人，甚至是伤人的。

有几位顾客去一家西餐厅吃饭，由于去之前没有订位子而懊恼不已，他们特别希望服务员能想想办法，帮他们安排一下。但这名服务员始终面带职业微笑说：“安排不了，不好意思。”

就在这时，服务员突然转向门口并且大声说道：“欢迎光临！”从门外走进来几个人，他们没有理会服务员，也没有出示他们订位子的信息，就径直走进了餐厅。里面的招待不但没有阻拦，反而立刻向他们行礼，并快速带他们往餐厅深处走去。

看到这一幕，刚才那几个被挡在门口的顾客不解地质问服务员：“服务小姐，你不是说没有位子了吗？他们为什么直接进去啦？”“是啊，是啊，为什么他们就可以直接进去？”“对啊！有什么话，你就直说！这到底是为什么啊？”

或许是被围攻得方寸大乱，也或许是被惹恼了，服务员不假思索就说了这么一句话：“为什么？因为他们有钱啊！”

听者无不哗然。于是，几名顾客就在门口闹了起来。餐厅经理不得不出来解围，赔礼道歉。甚至还送上了几张贵宾券，事情才最终解决。

其实，餐厅客满是常有的事，有常来常往的熟客直接进入，也是常有的事。其实只要稍微动点儿脑筋，找点儿好听的理由，那样的冲突是完全可以避免的。服务员大可以微笑地解释："是这样的，他们早就已经预约，是个公司餐聚，他们已经来看过场地好几次了，因此可以直接进入。如果各位不嫌弃，下次也可以提前预约，我们一定恭候各位的光临！"

这样一番话，让客人感觉得到了贵宾级的待遇，自然可以息事宁人，皆大欢喜，又怎么会闹得彼此不愉快呢？

因此，要想有说服力，你应该尽可能地让你的理由变得更动听，这样会让你在说服的道路上无往不利，因为理由才是真正能说服人的关键。

如果你想让别人帮自己一个忙，你就要想：凭什么让人帮忙？别人肯帮你，一是看你的面子，另一个就是看你给出的理由。这个理由就是你的观点。所以，当你在排列组合信息时，一定要多想一想：你有什么依据？你说的真的有说服力吗？怎样才能让你所说的话更有说服力？记住，这些才是听者最关注的东西。

有一次，诺德·诺斯克利夫发现一家报纸刊登了一张自己不想公开的个人照片，于是给编辑写了这样一封信。他没有直接说："请不要刊登我这张照片，因为我不喜欢这张。"诺德·诺斯克利夫运用了人们尊重母亲的心理，这样写道："请不要刊登我的这张照片，因为我的母亲不喜欢这张。"这样充满孝心的理由无疑要比前一个理由听起来动听多了，从而更具有说服力了。

约翰·洛克菲勒不想报社的摄影记者为孩子拍照，但他没有直接这样说："我不喜欢我孩子的照片被登上报纸。"而是利用人们保护小孩的心理说：“大家都了解小孩子的天性，也许你们自己就有小孩子。你肯定知道，他们这么小就出风头并不是一件好事。”

一般来说，只要你的动机足够高尚，理由足够动听，你就可以说服任何人。因为，在这个世界上，从来没有人会拒绝高尚、动听的理由。

在大多数时候，你没有更多的时间去了解你要说服的对象，多数的说服之战往往发生在突然之间。顾客到来的那一刻，你就必须在第一时间说服他买你的东西，否则，你就会失去机会。那么，这是否就意味着一切都毫无章法，可以不做准备呢？错了！即便是突如其来的说服，你也有必要做一些准备。

你不要认为没有时间做准备，事实上，我们是有时间的，只是这个时间不多，通常来讲，只有三秒钟。没错，三秒！你只有三秒钟的时间准备，这三秒钟准备了些什么、怎么准备、准备是否充分，将直接影响接下来的说服结果！

Part 02

拟订好说服工作前的五个计划

一、你的底气在哪里？——确立说服的信心

当你说服别人的时候，首先要准备就是确认自己的说服底气：想要说服别人，缺乏说服的底气是不行的。如果你的底气不够，就很难说服别人。因此在说服开始前，你一定要拿出自己的底气来。然而令人遗憾的是，现实生活中有底气的人实在不太多。

有个演讲家对台下的观众说："各位，我想知道大家对于自己的看法，认为自己很有魅力的，请举手？"结果发现，举手的人没有几位。即便是那些举手的人，往往会被其他的人议论和指点——"哎呀，瞧瞧，这些都是什么人啊，还自觉很有魅力，臭美吧，太不谦虚了！"

许多人都处于这样的"自谦"的状态，不敢肯定自己，并对那些能够自我肯定的人报以鄙夷的态度。但是，需要在此提醒大家的是，长期处于"自谦"中，会降低个人的心理预期，不利于自信心的建立，因而会让你变得没有底气，最终影响你的说服力。

一个人的底气来自于哪里呢？其实答案很简单，你的底气主要来自于你对自我的肯定，更来自于表现自我肯定的能力。简单地说，就是敢于承认自己，敢于表现自己，这就是底气，从本质上说，就是强大的自信心。

当一个人拥有了强大的自信心，说服力才会有根基。我们不难发现那些卓越人物有一个共同的特点：他们在开始做事前，总是充分相信自己的能力，排除一切艰难险阻，直到胜利。

相反，那些没有自信的人，往往缺乏说服力。他们所说的话，通常会被人忽略。因为缺乏自信心的支持，听起来就像是谎言。

为什么会这样？很明显：一个人对自己有信心，就能够带给别人信心；如果连自己都不相信，又如何说服别人相信他呢？

你可以想象一下，当一个人瑟缩地告诉你一件事的时候，你的脑子里面肯定会闪过一丝怀疑。相反，这个人用很确定的语气跟你说话，你会更加愿意去相信他。

购买水果的时候，客人有时候问你“这个西瓜甜不甜？”或者“这个橘子会不会酸呢？”这时假如你回答“也许甜吧！”或者“应该不会酸吧！”这种不确定的话，那么，10个客人中有9个不会购买。

但如果是同样的水果，而你回答：“如果这个不甜，哪里还有甜的西瓜呢！”或是“我绝不卖酸的橘子。”用此种果断的语气，通常都能把东西卖出去，这就是买卖上的技巧。

水果老板卖东西，必然要相信自己的西瓜或橘子是甜的，因为他要以自己的自信说服客人。就是说在自己的心中先建立起自信，然后用肯定的表现说服自己，就不会产生“也许甜吧！”这种疑问，那么也就会断定这水果一定很甜。如此，你就踏出了成功的第一步。

对女性来说，照镜子是件非常得意的事，不过有些人也会因为自卑而感到烦恼。同样是浅黑色的肌肤，对自己的容貌有自信的女性会觉得“我这黝黑的肌肤、乌黑柔顺的秀发，真是好美呀！”但是没有自信的女性，就会认为“为什么我的肤色会这么黑呢？”结果，照镜子时就会觉得很悲观，甚至会将镜子摔得粉碎。

仔细想想，这些价值的基准是非常主观的。如果你觉得自己漂亮，那么就越照越欣赏；反过来，如果你觉得自己很丑，可能就越看越伤心。尤其是自卑感这种东西，通常都是言语所造成的。而因为不自信，所以你的外貌也变得没有说服力了。

事实就是这样简单，一个看上去很自信的人，会让我们觉得他有底气，会更容易被人接受。相反，对于那些没有自信的人，一眼看去，我们就会觉得不靠谱，自然他们所说的话，也不会有什么说服力了。

那么，如何自信地表达，让人感受你的底气呢?

（1）从生理的角度进行心理调节。生理与心理是互动互制的。心理的变化会引起生理的相应变化，生理的调节也会对心理产生影响。当怯懦时进行生理上一些调节措施，往往能取得良好效果，比如深呼吸、搓手、舒展四肢、走动、洗涮等方式，都可以消除缓解卑怯紧张的心理。

（2）以心理暗示进行心理放松。心理的毛病用心理的方法去矫治最直接最有效。心理卑怯现象是心理夸张性感受所致，必须让心理感受重新归位。要达到这一要求，需要采用心理暗示的方式，对对方有客观、明确的认识，对自己做准确、公正的评估，这样就能保持清醒，树立信心。当别人说话显示出我们没有的优势时，我们对自己可做这样的暗示：这是他的优势所在，我同样也有优势，也是他比不上的。

（3）加强对对方的认识，提高自信心。说话的卑怯现象，从本质上说是对对方评估过高引发的。过高地评价对方，悲观地评价双方的关系，从而看轻了自己，产生距离意识和崇拜意识，此时卑怯心理也就自然而然产生了。我们要加强对对方的认识，切勿对对方过高认定，更不要神化，要把他看作一个平常人。谈话者都是平等关系，发言也以讲民主为宗旨，不要人为地把双方地位拉开。正确认识自我，摆正自己位置，提高自信心，这样还会有卑怯心理吗？

（4）克服表现欲望，注重表达效果。有时我们说话产生卑怯现象，并不是小觑自己的缘故，而是极强的表现欲望造成的。说话之初一心想着一鸣惊人，压倒他人。当发现别人口才卓绝、见解精到时，心理上产生失落感、挫折感，情绪受到冲击而一落千丈。对此，要培养自然的说话心态，把自己的意思清楚地表达出来就行了，不要期望值太高。这样心态平稳，卑怯意识也就淡化乃至消失了。

（5）用确定的语气说话。如果你感到不确定，那么这种不确定感将会通过你的声音共振出去，你所说的每句话都会被别人解读为你是在问问题。具体的做法是这样的：每句话结尾用降调，这样你说话时听起来就是你对自己说的话很确定。话的结尾采用升调，听起来像是在问问题，那样就没有确定的意味了。

（6）说话的声音大一点，吐字也要清楚一些，以一种口齿清晰的方式来说话会显得你受过良好的教育。

（7）平时多看书、看报、看新闻，多积累谈资。在说服过程中，我们有可能同客户谈到任何问题。如果我们准备不够充分，甚至对客户所提的问题一无所知的话，那么谈话到了这里，就会变得尴尬起来。没有话说了怎么办，是沉默还是转换话题呢？无论我们怎样做，都会在说服对象心里留下不好的印象。所以，我们唯一的办法就是，在“战斗”开始前，准备好充分的谈资。当我们的谈资丰富了，谈话的时候也就不会发慌，从而避免不必要的尴尬场面。

总而言之，说服他人，要有底气。这是一个“气场为王”的时代。气场强大，就能像磁石一样吸引住更多的人，从而说服更多的人。一个说话毫无底气的人，能让自己拥有一个很强大的气场吗？显然不能！所以，想要有强大的说服力，就要先有说话的底气。记住，说服是信心的传递，假如你对自己或自己的产品没有信心，你便很难说服他人接受。

二、你怎么打动对方？——吸引对方的注意

想要说服他人，我们就必须引起对方的兴趣和注意。如果对方和我们交谈时，提不起劲，一副心不在焉，甚至昏昏欲睡的样子，那对于我们说服是非常不利的。

当你发现自己的说服对象出现那样的情况时，就要反思一下自己，看看是不是哪里出问题了：

第一，你的语调，是像音乐还是像噪音？这是个关键问题：讲话的语调很重要，平铺直叙的语调缺乏震撼力，让人听了想睡觉。要吸引别人的注意，那么自己的说话节奏、语调要尽量做到扣人心弦，让人一听就会沉浸其中，极为兴奋，而不是听了之后想要睡觉。

第二，你的声音，是不是太软？因为性格原因，有些人讲话会非常轻柔。他们习惯了用软绵绵的声音同别人说话，让人感觉毫无底气。如果在说服的过程中，你的声音太轻柔，甚至让对方听不太清楚，那么对方往往不会太在意你所说的话。若是如此，又何谈说服呢？

第三，你讲话的内容是什么？如果你送给别人一个包装很严密的盒子，告诉对方里面是点心，并要求对方吃掉这块点心，那么拿到盒子的人会怎么做？他会先打开盒子，看看是什么样的点心：如果他喜欢吃那种点心，那就会乐意享用；如果他不喜欢吃那种点心，他就会送人或者扔掉。同样的，我们想要说服别人做某件事，讲话的内容非常关键：它不

仅要贴合自己的主题，还要让对方感兴趣。倘若你总是东拉西扯而说不到正题上，或者讲话的内容根本就无法引起听者的兴趣，那样又怎么能说服对方呢？

第四，你讲话时是什么表情？我们在说话的时候，往往需要表情的配合。法国作家罗曼·罗兰说："面部表情是多少世纪培养成功的语言，是比嘴里讲的复杂千百倍的语言。"由此可见面部表情的重要性。当我们说话时，用相应的面部表情配合，会让"话语"显得更有渲染力。想想看，如果我们嘴里说着话，但表情木然，那么盯着我们的听者会有什么想法？他们会觉得兴味索然，进而不注意听我们说话。

在说服过程中，可以经常用以上四个问题来检视自己。想要成为说服高手，就应该及时发现问题，并自我检讨。如果我们的说话不能引起听者的兴趣和注意，那么接下来，无论我们做出多么大的努力，也不可能说服他们。

除了以上几点需要注意的，我们还需要掌握一些引起说服对象的兴趣和注意的方法。下面就是几个打动人的技巧，可以在平时多加练习，以便到了说服时可以随时使用。

（1）注意细节，发现独特的美，并真诚地表示赞赏。有一位摄影师，他的工作就是为女明星拍照。注重形象的女明星对拍照都很慎重，摄影师想拍她们，不是一件容易的事情。但是这位摄影师用自己独特的赞美技巧，达到了目的。对于女明星来说，普通的溢美之词她们早已经听腻了，而摄影师打动对方的秘密就在于夸奖她们那些平常不为人们所注意的耳垂。这样做收到了非常好的效果。

其实这并不难理解，通常情况下，人们不会去赞美这些不被注意到的地方。于是，一旦有人说"您耳垂的形状真美，请一定让我照一张"或者

“我想表现出您的脖颈美”，女明星会本能地觉得这个人的观察很细致，眼光很独特，从而很容易敞开心怀。

要想说服别人，让别人心悦诚服地说“好”，其实还有一个很好的方法，那就是像故事里的摄影师那样，指出别人不曾注意或者忽视的地方。这种方法看似不起眼，却非常有效。

（2）用你的热情和信心感染对方。

波士顿有个棒球队，一直只有极少的观众，因为他们的表现实在很差。后来，他们来到了密尔沃基，这里的市民对这个新球队非常热情，棒球场永远都是人山人海，似乎每个人都对棒球队充满了必胜的信心。

市民们的热情和信任赐予了这支棒球队新的生命，队员们感到了极大的振奋和鼓舞，次年就奇迹般地登上了联赛冠军的宝座。仍然是原班人马，但这支球队脱胎换骨般创造了一个又一个佳绩，发挥出了前所未有的惊人水平。

那么，在说服的过程中，具体怎么表达你的热情呢？人际关系专家戴尔·卡耐基说：“对待我们周围的人，不妨设法了解，并且记住他们的名字。当某一天在路上相遇的时候，热情地叫出对方的名字，打一声招呼，这样或许就会产生意想不到的效果。”

或许在某个时段，热情起到的作用并不是多么明显，看不见也摸不着，但是它那相当大的感染力，会在后来慢慢展露出来。

充满热情的人，嘴里吐露出来的必定是令人振奋的话语。和这样的人谈话，会在不知不觉间被同化，让你也变得热情起来。相反，一个性情冷淡的人，会让沉闷的情绪充斥在周围的空气里，当这样的人说话时，哪怕是苦口婆心的话，我们也不太愿意听。

如果你想做一个说服高手，最重要的就是让自己看起来更有激情，这正是说服力最大的影响因素。

要是你没有能力，却有热情，你还是可以使有才能的人聚集到你身边来。假如你没有资金或设备，但你有热情说服别人，仍然会有人回应你的梦想。

需要特别提醒你，想让人感受到你的热情，在与人说话的时候就一定要投入。有不少的人打招呼或交谈时，常常漫不经心，总给人一种隔阂感，这样的话，别人很难接受你。在说服别人的时候，自然也就有问题了。

（3）经常对人表示关心，建立和谐的人际关系。其实，解决这个问题的最有效的办法，就是用诚挚的态度、满腔的热情来对待他们。在说服他们的过程中，我们要用感情来打动他们。当感动充溢于他们的心中的时候，他们会真正地打开心门，进而改变自己的态度。这样，我们的说服目的就达到了。

在一个镇上有两家卖豆腐的：老王家和老李家。两家的豆腐的质量都差不多，分量也都很足，但奇怪的是，两个人的生意的红火程度却大不相同，老王的生意明显要比老李的好得多。为什么同样的豆腐，同样的分量，生意上会有这么大的差别呢？

原来，同样是卖豆腐，老王在给顾客称豆腐的时候总会顺便多说一句话。比如是张大娘来买豆腐，他会关切地问：“最近身体还好吧？”如果是家有孩子的人过来买豆腐，他就会问：“孩子还听话吧，最近学习怎么样呀？”

刚开始的时候，大家对这种充满关心的问候并不是多么在意，但是时间久了，大家开始把老王当成了朋友，不由自主地照顾起了他的生意。

不论你自认为有多么了不起，也不论你的公司股票市值有多高，若你想要让自己有说服力，就必须关心你的听众，关心他们的希望、目标。当你将关心送到对方的面前，对方就不会对你无动于衷了。

（4）用你的微笑来感染对方。

威廉·斯坦赫先生是一个表情严肃的人，即使在家里也很少笑，这让人觉得他的生活很沉重，或者说很苦闷。后来他在一次培训过程中，被要求准备以微笑的经验发表一段谈话。这次尝试改变了他。此后他开始学习微笑：他对电梯管理员微笑说早安，对门口的警卫微笑打招呼，对那些以前从没见过自己微笑的人微笑。

很快，斯坦赫先生发现每一个人也对他报以微笑。他微笑着面对那些满腹牢骚的人，他一边听他们发牢骚，一边微笑着，问题很快就解决了。他惊讶地发现，自己因此得到了更多的收入。

回家后，和妻子交谈，和孩子说话，斯坦赫先生始终保持着柔和的微笑，沉闷的家突然被一种温馨的气氛笼罩。对于这一切的改变，斯坦赫觉得不可思议，但它确实发生了。

心理学研究表明，微笑与人的形象有着奇妙的关系。虽然微笑是一种面部表情，却反映了人的精神状态和生活态度。在现实生活中，微笑还是人际交往的润滑剂，能帮助人们驱散心头的烦恼，消除人与人之间的隔阂，让你的话语更具有感染力。

（5）站在对方的立场，像你的说服对象一样思考。很多推销员都以自己的立场做推销。举一个例子，我们卖莲花牌跑车的时候，觉得这种车非常快，所以每一个顾客进来，我们往往就会跟他讲莲花牌跑车很快。结果会怎么样呢？他也许说：“很快吗？保时捷比莲花还快呢！”然后我们就完了。事实上他进来可能要的就是“不一样”——大家都开保时捷，我就要开莲花。

又譬如，有些人讲话速度比较快，有些人讲话是“嗯……嗯……”了老半天，却什么也讲不出来的那种。假设一个讲话快的人跟一个讲话慢的人在一起谈生意，你觉得会有什么效果？结论一定是很辛苦。所以你要学会转换自己的语速来配合你的说服对象，这样子他们才会觉得比较亲近。总之，你永远要以顾客的立场来推销。

三、你怎么让人相信？——赢得对方的信任

如果你与一个女孩约会，你正在建立舒适感，你传递了值得信任的品质，而你又被她看到你对朋友不守信或者你的其他显得不守信的特质。她就会下结论说你和她在一起是有企图的。这时她会感到很危险，从而变得不相信你，甚至对你产生抵触心理。

当别人不信任你的时候，你也就很难说服对方了。因此，在说服的时候，你应该时刻注意对方的反应，以便了解对方对你的信任度。当你说服对方时，若遇到下面这些的情况，便可以认定对方对你还不太放心：

（1）很注意你“是否遵守诺言”“是否保守秘密”等最基本的问题。

（2）重视那些无关紧要的小问题。

（3）以带刺的言语或抓住话柄来反驳你。

（4）眼神中充满了看透你内心世界的寒气与冷漠。

（5）对你说的话无反应或爱答不理。

发现这些苗头，可以帮助你及时反应，以采取恰当的方式去挽回。但是在生活中，我们经常会遇到一些意外的情况：本来双方交谈很顺利，可不知道怎么回事，对方的态度突然转变，让你措手不及。

有一次，姜先生受某公司的委托，请某位学者帮忙。起初工作进展得好像很顺利，但是不久之后，公司的负责人给姜先生打来了一个令人不解

的电话，说不知道为什么，学者的态度突然变了，弄不好会拒绝工作。

公司负责人表示，已经做了各种协调工作，提出了增加工作报酬、更改放款日期等补救措施，也无济于事。随后，姜先生再次拜访了那位学者，听到学者说的话之后感到非常意外：原来对方担心公司方面是否能履行有关合同。

姜先生知道，在缺乏信任感的情况下，说服是没有意义的。因此他当时没有马上展开说服，他说："你放心，有什么问题，你都告诉我吧，请让我去与公司沟通吧。"

然后，姜先生找到了公司负责人："我不知道究竟是什么原因造成了这样的结果，也许是一些不重要的小事引起了他对公司的不信任，现在说服他是没有用的。为了打破僵局，你应该尽快向他表示出公司的诚意和热情。"

于是，公司负责人当天亲自到学者家里拜访，并且和学者进行了深入的交谈。第二天早上天刚亮，公司负责人就兴高采烈地给姜先生打电话说："先生，他愿意接受工作了。"

相信很多读者也可能遇到这样的事情，你或许会觉得发生这样的事情，是因为对方的脾气古怪，或者是因为对方的胃口太大。其实真实的原因往往不是这样的。我们不能总从别人的身上找原因，或许我们应该多想想自己哪里做得不够。很多时候，对方突然改变态度，是因为我们没有拿出足够的诚意，最终让人产生不信任感。

那么，怎样消除对方的不信任感呢？下面讲几个实用的方法：

（1）不要强行将对方拉入你的世界，你应该想办法进入对方的世界，或者让对方自动走进你的世界。就好像追求女孩子，如果你总想着把女孩带出去约会，想着带着女孩子去吃饭、看电影、喝咖啡、公园散步，那么对方会有戒心，即便没有戒心，也会觉得很无趣。相反，你如果能够更多地考虑把她带入你的世界，介绍给你的朋友，分享你的乐趣，参与你的活动，她就会去幻想成为你的美妙世界的一员。一对一的浪漫是有用的，但是在女生脑中，这一环节应发生在社交团体的环境下，而不是在单对单的隔离中。最好的方式就是融合你的组合和她的组合。

说服也是这样，你不能把自己的想法强加给别人，你要做的是，引导对方了解你，或者尽量去了解他。如果对方的戒备心理很强，那么你可以先让对方进入你的世界。

（2）缩小对方与自己之间信息量的差距。当对方询问你一些问题的时候，如果你总是采用“我不知道”“记不清了”之类的话来回答，就很容易让人产生不信任感。信息量不足，是人们会产生不信任感的主要原因之一。

为什么一些国民对政府不信任？因为他们不知道政府的官员都在干什么。他们强烈地呐喊“事实真相究竟是什么”，因为他们了解的信息不够，觉得自己成为局外人。现在很多官员主动深入到群众中去，积极与群众交流情况，总是能够得到国民的欢迎，就是因为这些官员缩小了彼此间信息量的差距。

因此，若你想要说服一个人，就要让对方了解足够的信息。只要让对方充分了解情况，就不容易产生莫名其妙的不信任。如果让对方充分了解情况后，他仍怀有不信任感，那么就表示你这里有使他产生不信任感的原因。如果不是无端的不信任，他的不信任感是有缘由的，那么，也只有纠正你自己的不是了。

一般情况下，在我们未给予对方充分的信息，让对方怀疑你对他隐瞒了什么时，容易产生不信任感。因为双方掌握的信息量有出入，对方会担心自己处于不利的状态。如果不消除对方这种心理状态，就想让他做什么事情，他会担心你在利用他的无知，因此就会对你产生不信任感。在这种情况下，有两点必须注意：

第一，不要认为对方可能已经知道了某件事情，就不再告诉他。这个时候，“因为他没问，所以我没说”这种说法是行不通的，因为对方有可能不知道自己的不明之处，因此而不主动询问。有一位媳妇以为婆婆已经知道了丈夫的晋升和工资增加，就没有告诉婆婆，结果引起婆婆的误会，以为媳妇想要隐瞒这件事，最终导致了一场家庭纠纷。因此，为了防止因信息量的不同而产生不信任感，或是消除已经产生了的不信任感，你首先应该把你认为“他应该知道”的事情详细告诉对方。

第二，必须注意的是，在给予对方信息时，如果都是你这一方的信息，反而会招致对方对你的不信任。因此，你应该自然地表明对方自己可以确认那些信息是否可靠的办法。例如，你可以对他说，“你去问××，就更清楚了”。

另外，在说服的过程中，把好事和坏事都讲明，也是消除不信任感的好方法。

（3）告诉对方事实。信息不足可以引起对方的不信任，而混杂在这种信息不足状态中的“错误信息”则会加深对方的不信任感。处于信息不足状态中的对方会极力想获得自己所需要的信息，所以对于有关信息特别敏感，结果由于相信了不可靠的信息，对说服者本人及其所说的内容产生误解。

由此可见，不仅仅是产生不信任感的信息数量上的差别，信息质量上的差别更会使事情变得严重。为了避免这类事情的发生，你当然应该将自己所知道的信息告诉对方，并且指出哪些信息是你确信的，哪些信息是传闻。而对于已经对你产生了不信任感的对方，如果你认为这种不信任感可能是由于信息不足而产生的，则应该认真地将以前未曾提及的新信息告诉他。

有位年轻人，由于他一点点的不诚实，女友对他产生了不信任感。后来通过他对女友详细地诉说以前很少谈到的事情，例如，公司及工作情况，自己的成长过程，将来的打算，等等，才算解除了误会，言归于好。这可以说是因为女友对他了解并不充分，即由于信息不足而引起不信任感的例子。在这种情况下，把真实的情况告诉女友比只说“我们和好吧”“我们重归于好吧”更有说服力。

另外，要提醒你的是，当误会产生的时候，可以去解释，但是不宜说太多。因为在对方不信任你的前提下，你所做的“解释”常被对方误解为“找理由辩护”。若是处理不当，甚至被误解为“狡辩”，反而会加深对方的不信任感。遇此情形，经常是有口难辩。在这种情况下，与其费力不讨好地解释，还不如干脆先放弃说服，去做向对方提供正确、充分的证据的工作。

当你告诉对方有关事实，客观地将与误解有关的情况向对方和盘托出，并希望他尊重事实。如果对方是位明理之人，一定会从你提供的情况中，发现消除误会的材料，并与你恢复原来的信赖关系。

四、你怎么说服对方？——采取恰当的策略

在说服之前，我们要确定应该采取何种策略。恰当的策略能够帮助我们更快达成说服的目的。通常来说，在准备说服的时候，你应该思考这么两个问题：

（1）是采取迂回说服，还是直接说服呢？

迂回说服是一种柔和的策略，方法很简单：在说服过程中，不直接点明主题，而是采取迂回的方式，先说一些无关紧要的闲话，然后再慢慢步入正题。这些闲话会起到一个很好的过渡作用，使沟通不显得过于突兀。

这样的做法无可厚非。在某些时候，先闲话家常再进入主题，确实是一套相当不错的说服策略。比如，当一个人对我们怀有相当大的戒心时，我们就可以先闲话家常，使他消除戒心，然后再进入主题。

但是，我们要注意，运用迂回说服的方法时，要注意把握好时间，找机会快一点切入主题，千万不要让人失去耐心。

美国著名作家马克·吐温有一次到教堂里听牧师做号召募捐的演讲。这位牧师的知识极为渊博，口才也很好，演讲起来声情并茂，非常吸引人。

刚开始，马克·吐温觉得牧师讲得非常出色。他已经做了决定，等过

一会儿，牧师讲完之后，他就去捐款。不过十分钟后，这位牧师的演讲还没有结束，甚至还没有讲到募捐上面。

马克·吐温开始有些不耐烦了，觉得这位牧师很是啰唆，东拉西扯总也讲不到正题。他改变了主意，决定等一会儿只捐一些零钱。

他耐着性子又听了十分钟，牧师还没有讲完，才刚刚讲到了募捐。这个时候，他的忍耐已经到了极限，牧师讲的是什么，他没有听清楚，只是又改变了主意，决定等会儿一分钱也不捐。

终于，牧师讲完了，马克·吐温的忍耐也到了崩溃的边缘。他走的时候，不仅一分钱没有捐，还从箱子里拿走了两美元。

马克·吐温绝对不是小偷，他之所以会拿走两美元，是因为内心无比愤怒，他愤怒的根源在哪里？很简单，他觉得这位牧师太啰唆了，一直在闲话家常，而不肯切入正题，结果使得演讲花去了他很多时间。

马克·吐温是一个惜时如金的作家，他厌恶那些浪费时间的人，而这位口才出众的牧师恰恰触碰了他的底线。我们只能说，就算这位牧师的口才再好，他的演讲也完全没有进入马克·吐温的耳朵里，主要是因为他的闲话太多，切入主题太晚。

其实每一个想通过闲话家常来说服别人的人，都很聪明，因为他们懂得用迂回战术来实现自己的目的。但过犹不及，凡事适度就好，不要超过一定的限度。在说服的过程中，适当穿插一些与主题无关的话不要紧，但千万不要一说起来就没完没了，如此一来，主题的地盘自然就被侵吞了。

从一开始就直奔主题，是目前经常使用的说服策略。特别是在销售过程中，这个说服策略最为常见。很多业务员为了拉近与客户之间的距离，往往东拉西扯地说上很多闲话。其实这完全没有必要，因为客户知道业务员想要的是什么。一味地说闲话，会让他们觉得烦躁，认为对方不够真诚，甚至失去交谈的耐心。如果业务员很不珍惜客户的时间，那结果就会更糟糕。

（2）是个体说服，还是群体说服？

在分析说服对象的几秒钟里，你还要快速决定一件事情，那就是个体说服还是群体说服。

个体说服其实像是“单挑”，你将直面对手，用尽手段，誓必达到目的。个体说服的好处是你的对手只有一个，目标更集中；坏处是可能碰上十分难缠的对手，说服的难度就会大大增加。

群体说服，主要是利用群体的影响力，以提升说服的效果。例如，你想要说服一个群体去参加某次活动，其中有十个人决定去，还有五个人犹豫不决，那么再努力一下，这五个人可能就会因为另外十个人而改变自己的想法，也决定去。当然，要是其中五个人决定去，而另外十个人决定不去，就会导致你的说服计划破产。

是个体说服更好，还是群体说服更好？需要根据实际情况来判断，你可以根据自己的需要进行选择。

陈先生担任某公司的总经理一职。有一次，他在巡视一个工厂时，看到工厂的禁烟区有七八个工人聚集在一起抽烟，而在这些工人的身旁，就立着“禁止吸烟”的牌子。这样的事情让他很是头痛。

之前在这个地方，他已经不下三次遇到过工人抽烟的情况，他什么方法都用过了，批评、责骂，甚至罚款，但是没有用，工人们依然如故。甚至这几个工人明明已经看到总经理走过来了，也没有要掐灭烟头的意思。

怎么去说服他们不要在这里吸烟？如果还是强行制止，那么自己走了之后呢？他们是不是还会像前几次一样，仍然在这里吸烟？

以前的劝阻无效，看来他们已经有了很强的逆反心理，想要说服很难。就在这个时候，他突然灵机一动：既然群体说服无效，为什么不试试个体说服呢？

于是，他装作没看见，转身离开。回到办公室后，就让秘书把那几个工人依次叫进来。

第一个工人进来的时候，表情明显有些紧张。显然他认为领导肯定要狠狠批评他，因此心里很是忐忑。但是陈先生并没有批评他，而是非常亲切地和他拉起了家常，问起了近况。这使工人的心情逐渐放松下来。直到最后，陈先生才说到这次在禁烟区抽烟的事。

他说："在我的记忆中，你好像不是第一次犯这样的错误了，对吗？可以和我说说为什么吗？工厂并不禁止抽烟，甚至有专门的吸烟区，你大可利用休息时间在吸烟区抽烟，为什么一定要明知故犯呢？"

工人有些紧张，陈先生笑了，说道："你不用担心，我现在不是领导，你也不是员工，我们是朋友。朋友之间，什么都可以说。我只是想了解一下，我自己什么地方做错了，为什么总是说服不了你们？"

接着，他又向这个工人讲了自己的一些想法，说了一些推心置腹的话。陈先生的真诚，让这名工人大为感动，表示以后一定不会再违反制度。

接下来，陈先生又分别和其余几个年轻人聊天。他逐一攻破了他们的心理壁垒，说服了他们，大家都表示以后一定不再犯这样的错误。

个体说服强过群体说服？不一定！群体说服强过个体说服？也不见得！选择哪种战术，要视情况而定。通常，我们遇到陈先生那种情况，会先选择群体说服，如果不奏效，则会选择个体说服。

总而言之，要成功地说服他人，就要选择适合的表达方式，尤其要采取适合说服对象的表达方式。记住，一样米养百样人，同样的说法，不见得适合每个人。是迂回说服，还是直接说服？是群体说服，还是个体说服？到底采取哪种说服方式更好，这要依据实际情况来定。

五、你能坚持到底吗？——保持良好的耐心

如果你是一名销售人员，一定会遇到这样的情况：自己满怀热情，却被客户无情地拒绝；遇到非常刁钻的客户，生意没谈成，还惹了一肚子气；经过多次的拜访，在马上要签合同时，却横生枝节，最终客户与竞争对手签约……这个时候，我们该怎么办呢？埋怨、退缩？要是这样，你趁早别干了！

你要知道，任何说服都不会是一帆风顺的，必须付出坚持不懈的努力。在说服的过程中，你必然会遇到各种各样的困难、各式各样的人，要克服这些困难、说服这些人，没有耐心是不行的。

有位光学公司的推销员，想说服一位先生购买新发明的感光纸，但是他听说那位先生对新技术、新发明一向不感兴趣。但是推销员没有退缩，依然前去拜访了那位先生。

推销员讲话很有礼貌，他很细心地向那位先生解说新型感光纸的好处，但是那位先生丝毫都不感兴趣。于是推销员一再拜访，一次、两次……终于有一天，那位先生不耐烦了，破口大骂："我说你这人怎么回事啊，我说不需要，就是不需要，要讲几次你才了解。"

一般人遇到这样的情况，大概会非常沮丧，甚至会就此放弃。然而这位推销员心里却想："哦，他生气了，证明他已经开始在意我的行为了，

这代表着有希望。既然已经生气了，让他情绪稳定下来就太可惜了。”

于是推销员第二天清晨又去了。那位先生一开门，就看到了推销员的笑脸，吃惊道：“昨天跟你讲过，怎么你又来啦！”

“喔，昨天很难得挨骂，所以今天我又来了。”推销员微笑着回答，“打扰你了，再见，先生。”那位先生一下子呆住了，大概在想：这个人不会是有病吧，还有专门来找骂的？而推销员则认为客户已经有了反应，达到了一定效果，所以暂时以退为进。

第三天一早，推销员又去了；然后第四天再去……经过一再地接触，那位先生终于被推销员的毅力所打动——他被说服了！

这个故事就是要告诉你，不要轻易说放弃。一场谈判，只有你说结束，它才会结束，否则绝不会提前结束。无论对方对你说多少次“不”，多少次和你意见不一致，多少次难为你，通通没有关系。要始终锁定你的目标，当然是在不会给对方带来困扰的情况下。

总而言之，坚持不懈就是要集中所有精力，想尽一切办法，最终实现自己的目标。如果对方对你的坚持不屑一顾，你可以说：“那好吧，我不过是在尽力实现我的目标而已。还有什么更好的方法吗？”有些人可能不愿帮助你，但愿意帮助你的人要比你想象中的多，他们会让你继续尝试下去，直到最后让你满意而归。

现实生活中，许多人为某件事情而进行谈判的时候，往往只尝试几次就放弃了。如果他们会尝试无数次，就会发现每一次的尝试，都会带来细微的变化。

迪格尔先生需要重新预订从费城飞往迈阿密的航班机票。前一天，一场暴风雨让他没能赶到机场，因而错过了当天的航班。他想让航空公司免掉他150美元的航班改签服务费。

迪格尔先生打了13次电话，前12次的回答都是“不行”，最后一次对方终于回答说“好吧”。这个过程虽然花了一个半小时，但他却省了150美元。

对于说服，迪格尔先生显然有自己的见解：“态度要好，而且还要坚持不懈。当对方对你说不行的时候，问一问为什么不行。我随时都做好了谈判的准备。”

这世界上最难拒绝的就是坚持！有不少善于说“不”的人，最终在这个最简单的策略上遭遇“滑铁卢”，所有的人都会承认，最笨拙的说服方式，就是坚持。可能没有人认为，这种说服方式会有用。

本来说服的事情，就可能会让人感觉烦恼，特别是一而再，再而三，不断地说服，可能会让人生出厌恶的心理。这样的情况下，又怎么可能让人接受呢？然而事实上，许多人是招架不住这种百折不挠的精神的。哪怕这种行事方式让人很厌烦，但这种坚持到底的精神，始终不变的意志，很容易赢得人们的佩服。

在感情上，因为坚持最终得到爱人青睐的例子很多。事实上似乎也是如此，不少女孩子开始并不喜欢自己的男朋友，一见钟情的事情并不多，大部分都是经过长时间的相处，才逐渐建立稳定感情的。

本来对某个男孩没有太多感觉的女孩，却常会因为这个男孩的坚持而感动，甚至接受“顽固不化”的爱。为什么会如此呢？大概是因为这个男孩坚持的时间已经足够长，长到让女孩对于男孩的存在已经习以为常——他要是不在身边出现，女孩就会觉得心里很难受，做事情都会没精神，于是爱情就顺理成章了。

世间最让人敬佩的，就是这种韧劲：你不答应他，他就不放弃。他也不闹你，不吵你，就是不断地在你面前表达自己。你要他闭嘴，他就闭嘴。但你要他滚，他就是不走。他会站在你每天经过的地方，等着你的到来，只要你一出门，抬起眼睛，就能看到他的身影。

开始你可能会觉得很烦，很讨厌，可是随着时间的推移，你可能会怜悯他，可能会敬佩他，总之你会慢慢地接受他。

其实不仅对于客户需要足够的耐心，对于亲近的人，我们更需要有耐心。社会心理学家研究发现，我们对于越亲的人就越没有耐心。看看生活中的那些事情：

到了假期，不少人都回家陪爸妈，可有人欢欢喜喜回家，却生着闷气离开。原因或许让人觉得可笑：妈妈让我们多吃半碗饭，絮叨了几句，我们就会不耐烦地甩手就走；给爸爸买了新手机，他有个功能没弄明白，问了我们几句，我们觉得厌烦，指责说“怎么这么笨”。

假期结束，回到职场，面对领导、同事、客户，我们却又换了一副面孔，耐心地给这些“别人”解答问题。我们对不相干的人客客气气、彬彬有礼，对亲近、呵护自己的人却毫无顾忌、任性无礼。很多人对亲人发了脾气，事后很懊恼，可下次还会如此。

为什么会这样呢？究其原因，是亲人的包容让我们太放肆。如果我们对领导、同事等发脾气，很可能损害彼此的关系。因此，我们在沟通中会有意无意地注意方式方法。而对于亲人，因为彼此存在更稳固的关系，我们知道，即使言行出格，他们也能宽容、理解、忍耐、体谅。

同时，我们对亲近的人有很高的心理预期，认为他们应该支持自己，一旦碰到不顺，就容易形成心理落差，就会产生这样的想法：“别人不理解我也就罢了，怎么你也不理解！”因此，我们就会变得没有耐心。

但是，我们往往忽略了一些事情：当肆意将外人给自己的伤害转移给配偶时，我们没有看到对方默默端来的一杯热茶中饱含的关心；当不耐烦地打断父母善意的唠叨时，我们不曾看到老人无言地离开，在屋子里悄悄伤怀。亲人们无怨无悔地承受我们的伤害，因为他们离我们最近，与我们最亲，能用爱包容我们。

因此，拥有足够的耐心，不仅是商业说服所需要的素质，也是生活说服中所必不可少的品质。当你决定说服一个人，打动一个人的心，那就要有点儿心理准备：也许你遇到的是一场硬仗，因此要多点儿耐心。

就像打仗需要武器，说服也需要武器。你的形象，你的特色，还有事实、数据之类，都是说服的“武器”。若你能够灵活地使用这些“武器”，将增强你的说服力；然而，若你不懂使用这些“武器”的方法，即便有神兵在手，也毫无价值。

本章将为你详细解读增强说服力的几个关键“武器”，通过案例分析，让你了解这些武器带来的具体作用。同时，你还将了解到运用这些“武器”的方法和需要注意的一些问题，这将帮助你迅速达成说服目的。

Part 03

如何让自己的说服理由更有说服力

一、塑造形象，样子讨喜很重要

1968年，缅因州参议员马斯基竞选州长，受到了选民的追捧。但是，就在这形势一片大好的当口，有一家报纸恶意批评他，攻击他的太太，惹得马斯基非常恼火，最后他坐不住了，跑到这家报社歇斯底里地痛骂了对方一顿。结果，他不只输掉了初选，而且就此淡出了政坛。

为什么马斯基会在占尽优势的情况下，突然遭遇“滑铁卢”？原因很简单，因为大家觉得他们的领导人不该是这个样子的——领导人究竟该是什么样子的呢？虽然每个人的看法都会有不同，但是最起码应该淡定一些，至少不能因为恼羞成怒，就在公众场合破口大骂。

也就是说，马斯基的失败，就在于他的行为表现不够稳重，不符合大众眼中的领导人形象。就因为这样，大家都不愿意将票投给他。

2004年美国总统大选，乔治·布什为什么会获胜？因为他所说的一句话：“即使我们意见不一致，至少你们知道了我的信念和立场。”这句话可信度很高。这句话和他的竞选对手——民主党总统候选人约翰·克里所说的话形成了鲜明对比，约翰·克里的话总让人感觉他对登上总统宝座充满渴望。

2008年美国总统大选，巴拉克·奥巴马为什么会获胜？很大一部分原因在于第二轮总统选举辩论。每一次，当共和党候选人约翰·麦凯恩要对奥巴马施以猛烈抨击的时候，奥巴马总是面带笑容，表现得非常合作，沉着冷静，显示出一派总统风范。当时由《纽约时报》和哥伦比亚广播公司联合开展的一项民意调查显示，麦凯恩怒气冲冲的语气和对奥巴马进行人身攻击的行为给60%的选民留下了负面印象。

这些例子告诉我们，一个人的说服力，不仅表现在口才上，也表现在个人所展现出来的形象上。就像马斯基一样，若他能够控制自己的行为表现，正视“领导人”这一社会角色的形象特点，就不会让选民失望，自然能够得到选民的支持。

让我们再看一个故事：

卡桑德拉是一名优雅的法国女人。她在美国工作时，有一天，总经理找她谈话，说公司即将进行部门职位的调整，有一个经理的空缺，但已决定派另外一个人上任了。

卡桑德拉一听，不太服气地说：“公司交代的任务，我都全力以赴，而且我的能力也不比别人差，为什么公司不选择我？”

总经理说：“因为平日开会时，很少看到你发言。你总是自己一个人埋头苦干，如果升你当经理，你懂得和下属沟通，并鼓舞他们的士气吗？当你需要代表部门与其他单位协调时，你能从容地完成任务吗？因为我没有看到你表现出沟通的能力，所以很抱歉，这次我不能提名你当经理。”

回家后，卡桑德拉大哭了一场，但是她也领悟了一个道理：如果想在职场里出人头地，就得表现出自己的专业形象。

卡桑德拉的故事有没有给你带来启示呢？工作中，你有注意自己的个人形象吗？你希望在主管、客户面前侃侃而谈，完美呈现自己努力的成果，还是手足无措，语无伦次，让人对你的印象大打折扣呢？

记住，个人的形象往往会在一定程度上体现一个人的说服力。如果你去演讲，那么从你出现在听众面前的那一刻，你就已经开始和听众进行交流了，就要塑造出一个可信赖的形象：穿上合适的套装，不要刻意化浓妆，发型要让人觉得很清爽；同时，事先检查衣服上是不是有线头露出来，并避免戴太大的首饰，这些小细节都会影响听众的观感。

虽然我们不提倡“以貌取人”，但是我们不得不承认，人都是爱美的。外表漂亮的人在社交方面会有很多的优势。我们会对外表漂亮的人自动地、不假思索地产生一种赞美反应。

如果你想要拥有强大的说服力，那就不应该埋怨你的听众“以貌取人”，与其埋怨你的听众，还不如赶快为自己塑造一个良好的个人形象。

（1）注意自己的语言。你在讲话过程中，选择符合自己身份的语言，体现出你的自我角色，会让你有一种责任感、分寸感。如果你在讲话的时候以为自己权力在握，德高望重，因此想说什么就说什么，那么，你就对讲话的目的产生了一种误解。这样的讲话是有失身份，有损于自己的形象和威信的。

有个公司组织考察团到日本考察。考察结束后许多人用剩下的几天时间观光购物。没想到的是，在公交车上，他们遇到了麻烦：不知道是怎么回事，他们和一群年轻人激烈地争吵了起来。

两拨人虽然语言不通，但都情绪激动。就在他们吵得不可开交时，一位日本老人走到那群年轻人面前，用很严厉的语气训斥了他们几句。没想到那几句简单的训斥相当有效，那些年轻人立刻就安静了。考察团的人十分感谢老者。

让他们想不明白的是：一位普通的老人怎么就能三言两语地将一群情绪激动的年轻人训斥得服服帖帖，难道他的话中藏有玄机？翻译人员把那位老者的话翻译了一遍："人家是客人，我们作为主人怎么可以如此无理！你们赶紧给我老老实实地坐好，别再造次！"

这是很普通的话，没有不寻常，为什么说服效果这么好呢？道理很简单，因为老人家使用的语言符合他的社会角色。日本人十分尊重老人，也更愿意遵循老人的教导。所以老人靠着年龄赋予自己的社会地位，再加上和身份、环境相符的语言，才能声色俱厉地训斥一群素不相识的年轻人，使他们安静下来。试想一下，如果老者和颜悦色地说教，恐怕效果就会差很多。

若想让当众讲话符合自我身份，需做到如下三点：第一，你的称谓、口气要适合。第二，要注意自己的多重身份，针对不同的环境，选择相应的表达方式，使表达与自身思想情感的表达相符合。第三，要选择与处境、心境相协调的说话方式。

话虽是说给听众听的，但话说得好不好，能不能充分发挥语言的影响力，为听众所接受，就要看你能否正确认识自己的角色，使用符合自己身份的语言来实现对谈话对象的影响。

（2）注意自己的打扮。想要做一个有说服力的人，就必须注意自己的形象。衣着打扮得体，不仅能给自己带来快乐和自信，也能让人产生信任感。

如果一个推销员不注意自己的衣着打扮，在一些客户看来就是对他的不尊重。可能你觉得这没什么，但是有些客户却很在意这些。不尊重客户，自然会影响你拜访客户的效果。现在的客户是聪明而又谨慎的，他们一般只信赖那些懂礼貌而又很成熟的人。如果你是客户，你会把自己成千上万的预付款交给一个连你自己都觉得靠不住的人吗？

衣着打扮得体并不是一定要西装革履，也可以穿得自然一些。不然也会给人一种刻板的感觉，感觉你是“职业”的，并不亲切，所以讲究衣着不一定是要非常刻板。不过，不管你是穿西装还是夹克，关键是要保持整洁和品味。打扮太时尚、前卫的话，客户不一定都能从心理上接受。

有些推销员为了给客户留下美好的“第一印象”，总是穿着高档名牌西装上门。其实，这反而有可能弄巧成拙，并不是你穿得越好，客户就越重视你。曾经有一个满身名牌的推销员走后，他的客户议论：“他穿得那么好有什么了不起？他之所以穿得那么好，还不是因为提成拿得多？而他之所以拿那么高的提成，还不是因为他们产品价格高，利润大吗？我不买他的东西还不成吗？”

一般说来，年轻的推销员，最好穿得稍微朴素一点，这样能给客户一个稳重、成熟的印象；年纪稍大一些的推销员，则最好穿得时尚一点，这样可以避免给客户一种老气横秋的感觉。性格有些偏内向的，那就不妨穿得稍微有活力一点，这样看起来会开朗活泼一些。

（3）注意自己的精神状态。不要以为外表打扮好就万事大吉了，还要注重无形的方面。当你踏入客户的办公室时，如果你让客户看到的是一张阳光灿烂的笑脸，那么你留给客户的第一印象就非常好；因为亲切而自然的笑容永远是受欢迎的。当然，这种微笑首先也会改变你自己。对于推销员来说，微笑是一张心灵的名片，必不可少。你给客户的第一张名片如果是笑容的话，那对于你的客户来说，它远比你身上穿什么样的衣服更重要。微笑就像三春的阳光，能融化堆积在人们心灵之间的冰雪，改变客户的心情，制造出你与客户交流所需要的和谐气氛。

最后，需要提醒你的是，在塑造个人良好形象的过程中一定要注意，适合别人的方法，并不一定适合你。同样的，适合别人的打扮，并不一定适合你。你需要找到最适合自己的形象表达方式！

二、强调特色，让你脱颖而出

思想独特的人比较容易获得别人的认可，因为我们的主题永远都是老旧的；如果我们的观点没有新意，那么整个谈话都会变得乏味。可以想想，一场乏味的谈话会有什么说服力呢？

大家都很喜欢看奥斯卡奖颁奖晚会，但是不喜欢听其中的讲话。因为典礼上的讲话毫无新意。典礼上，每一位演员、每一位制片人、每一位导演都在为同一个剧本而演出。每一场演讲都以假装获奖很意外开始，然后很快进入到对一大堆人的致谢中去，这些人员的名单几乎与电影结束时字幕上的一模一样——全是空话、大话、废话。

听众开始变得躁动，盼望插播广告。若不是典礼上聚集了许多养眼的明星，估计没有人愿意去看。好在这整场过于冗长的庆典上，也许会有那么一次或两次，有人勇敢地站起来，说一些真心实意的、有深刻见解的、出人意料的话。这些人会比在场的所有其他明星都令人瞩目。

大多数人充其量都属于不好不坏的演讲者。大部分领导发表的演讲就像背景音乐一样——令人愉悦、不痛不痒、转眼就被遗忘。倘若以这些人为榜样，就没有人会注意、关心，或者记住你所说的话。要使自己脱颖而出，使你传达的信息令人难以忘怀，你必须与众不同。

斯特林先生是一名管理咨询师，这一天，他接到了一家非常卓越的专业公司的电话。公司的领导者说："我们经常发标书和投标与其他公司进行竞争，在过去的18个月中，我们已经写了12封标书，进行了大量投标。但是很遗憾，一个也没有中标。"

斯特林感到很惊讶："为什么会这样？"那名领导者很坦白地说："我自己也不知道，这也正是我打电话给你的原因，我想听听你的建议。"

斯特林对那名领导者说："好吧，我必须对您的公司有所了解，您可以把那12封标书及其详细报告邮寄给我。"

第二天，来了一辆小型货车，邮递员下来把沉甸甸的包裹递给斯特林。然后，斯特林坐下来阅读了这些标书。

第一封看起来非常专业，给人的印象非常深刻。除了在文字处理上把客户名称更改以外，第二封与第一封一样。接着，第三封、第四封……剩下的所有表述都极其相似——基本上是字字一样。

斯特林把这个问题告诉该公司，质疑道："你们为什么把这些标书做得都一样呢？"

公司领导者回复道："哦，是这样的，编制第一个标书时，我们耗费了很长时间，做得也很好，所以用它来做其他标书的模板。那样的话，团队中每个成员都能在这个模板上打出标书，能够加速我们的工作进程。"

听了这些解释，斯特林表示："你们想创建一个系统来处理标书，这是不错的想法。但是我的建议是，不要使用这样的表述模板，你们最好做不一样的标书，那样才能突出你们想要和有必要突出的重点。"

斯特林的建议被公司领导采纳了，他们随后又进行了5次投标，结果中标2次。根据客户的特别要求，分别编制标书，这是很简单的思路，但是偏偏被人忽略了。令人惊讶的是，尝试12次，失败12次，仍然没有去问自己："为什么一次都没有成功！"

一些具有说服力的人，不会死守陈旧的规则。他们喜欢新的东西，敢于冒风险，做事常常出人意料。在听众的面前，他们常常出其不意。他们避开大多数演讲者的预期做法——能预期到的东西总是令人厌烦的。他们总是喜欢使自己和所传递的信息令人难以忘怀。

你可以通过两种方式做到这一点：你可以说些与众不同的话，或者采用与众不同的演讲方式。

（1）说一些与众不同的话。为什么要说一些听众已经知道和相信的，或者任何其他演讲者都能告诉他们的内容呢？这样做只会令人厌烦。你的目标是在某种意义上改变听众——改变他们看待这个世界或看待他们所在地方的方式方法，改变他们认为他们能做到的想法，改变他们做事的理由。因此，你所传达的内容不能一成不变，老生常谈。

说一些直指核心的话，例如“顾客永远是错的”或者“比其他人工作更长时间并不是一种荣誉而是一种坏习惯”。然后捍卫你所有的观点，用你的勇气热情洋溢地投入到这场辩论中去。最后，也许你会让听众甚至是自己都大吃一惊。

对于每一件事情来说，它总是有其他的方面、其他的看法以及其他的选择。真正的说服高手除了能看到其他人看到的，还能看到其他人没有看到的。尽管与其他人说的是同一件事，他们却能说出不同的方面。

在许多时候，听众喜欢听意料之外的事情，他们会尊重和记住那些具有独特见解的人。

（2）说法与众不同。你也许不想说或说不出一些新的东西，如果是这样，那你至少可以用与众不同的方式进行表达。

一位非营利机构的执行主任需要在其他非营利组织领导们在场的大会

上发表简短的演讲。大会规定，她只有15分钟的时间用于阐明她所在机构面临的主要挑战以及解决办法。另外4位执行主任将在她之前就同一项目发表演讲，和她一样也只有15分钟时间。每一位演讲者都站在讲台后的半暗处，旁边是舞台的中心位置，放着投影幕布，用来播放幻灯片。

轮到她的时候，她能感觉到听众已经想打瞌睡了。于是，她把投影仪关掉，并叫人把观众席的灯打开。她将麦克风拿在手里，离开讲台，走向中间的过道。

“我想与众不同地利用这规定的15分钟时间，”她说，“我将尽可能简单地告诉你们我所在的机构做了些什么，以及我们为什么这么做。然后，以你们在非营利机构任领导的经验，以及你们从其他演讲人员那听到的一些相关内容，我将请你们告诉我，我所在机构面临的挑战是什么。如果可以，我将告诉你们，我们是如何调整自身来解决这些问题的。”

随后，她用准备好的备注回答了听众们提出的大多数问题。听众们的积极性被调动了起来，他们认为她是最突出的一个，在此次大会的剩余时间里，他们都在讨论她的演讲。

（3）强调产品的特色。成功与否，往往就看你是否与众不同，特别是同质化严重的环境中，差异化将使你脱颖而出。问自己：“我可以做些不同的事情吗？我的产品有什么特别之处吗？我能够给别人带来更加新奇的体验吗？”

记住，要学会让自己的发言变得突出。不要试图成为他人的复制品，试试与众不同吧。鹤立鸡群，鹤之所以赢得目光，自有其漂亮的原因，但是更显眼的地方，还在于其与众不同。学会突出，做不同的事，这样不仅能够吸引他人的关注，同时，也能够锻炼你的思维。

三、列举实例，事实胜于雄辩

公元前44年，也就是罗马共和时期，当时最重要的政治人物西泽在前往元老院时，被布鲁特斯带着暴民刺杀身亡。在西泽的丧礼上，另一位大将安东尼厄斯前往祭奠，他要求对公众说话，布鲁特斯答应他的要求，但他有一个要求，就是安东尼厄斯不能说任何一句赞美西泽的话。安东尼厄斯同意了，他的演讲词如下：

“诸位朋友，在场的罗马人，我的同胞，请听我说。我来这里，是为了埋葬西泽，而不是赞美他。人若为恶，死后遗臭万年；所为的善，却往往随着尸骨入土。让西泽也是如此吧！

“尊贵的布鲁特斯告诉你们，西泽是个有野心的人：果真如此，这确实是他重大的过失，而西泽也为此付出了沉重的代价。因为布鲁特斯是个品德高尚的人，还有，其他人也都是品德高尚的人——此时此刻，我才能得到布鲁特斯和其他人的同意，在西泽的丧礼上说几句话。

“西泽是我的朋友，对我忠诚而公正。布鲁特斯，这个品德高尚的人，却说他是个有野心的人。西泽带着许多俘虏回罗马，俘虏的赎金充实了国库，他这样的行为，像是有野心的表现吗？

“穷人哭泣时，西泽会一起流泪。铸成野心的应该是更硬的心肠，但布鲁特斯，这个品德高尚的人，却说他是个有野心的人。大家都看到在牧神节，我三次向西泽献上皇冠，他三次都拒绝：这也是野心吗？但布鲁特斯，这个确实是品德高尚的人，却说西泽是个有野心的人。我这么说并非要驳斥布鲁特斯，只是说出我所知道的事实。

“大家都曾经爱戴西泽——并非毫无理由，那么，现在又是什么原因阻止你们为他哀悼？哦，判断力！你已遁入野兽心中，人们已经丧失理智。我的心好像和西泽一起入棺，而我必须稍停片刻，等它回到我的身上。”

安东尼厄斯完全遵守约定，没有说任何赞美的话，仅靠着他简洁而有力的演说，那些暴民们最后转而去攻击布鲁特斯了。你看，语言的力量有时候比刀剑还要厉害。那么，安东尼厄斯的话为什么会如此有鼓动性呢？因为他的话里话外都在列举事实。

当一种观念进入心底很长时间时，有时用话语的确难以改变它。此时，可用事实这种最有力的武器来进行说服。俗话说，事实胜于雄辩。当你把事实摆在面前的时候，对方必然无话可说。

如果你想要改变一个人对一件事的偏见，最好的办法就是列举事实。如果你想要改变一个人对另一个人的偏见，这会更加困难，但用列举事实的方法同样可以做到，只不过需要更长的时间，更多的坚持，也需要积累更多的事实。

有位演讲家说：“真实的例子是最好的说明方式，因为它能让一个观念显得清晰、有趣，具有说服力。”

（1）谈一谈自己的亲身经历。如果一场演讲中，主讲人所说的全是资料或理论，通常很难引起听众的兴趣。在精彩的演讲中，你所讲的内容一定要跟你自己的亲身经历、你阅读过的信息、你听到的话有关。谈你自己熟悉而确信的东西，演讲就不会失败。

美国著名脱口秀明星奥普拉的口才非常好，她善于用自己的语言赢得他人的信任。她会向听众谈起自己贫困的童年生活：她在6岁的时候才拥有了第一双鞋子，她的父母从来没有结过婚，她被迫在母亲、奶奶和父亲之间被轮流抚养。她还谈到自己经常被性骚扰。但是，在说这些关于她自身经历的时候，她并没有博取同情的意思。她不仅大胆地讲述自己的故事，同时也愿意聆听别人说出他们自己的真实生活。

讲一件真实的事情，比讲一箩筐的大道理更能证明你的论点。在美国前总统克林顿第一次当选时，有一个庆祝晚会，好多人上台谈论他们心目中的克林顿。有些人无法到现场，就通过连线的方式表达他们的祝贺。

其中有一段是访问克林顿的高中同学，他说："我毕业以后，就在意大利美军基地服兵役。有一天早上电话铃响了，我接起电话，原来是我的父亲去世了。等我挂上了电话，五分钟之后，电话铃又响了，是克林顿打来的。那时候，克林顿已经出任州检察长了，他在电话里说：'你别慌，我会帮你照顾家里的事，你可以放心。'"

这个同学并没有特别强调克林顿是个多么关心别人、重视友谊的人，但是只是谈起这么一段往事，就已经表达出所有他想说的话了。很多听众都是这样：他们也许无法记住你所说的道理，但是他们往往能够记住你所讲的一件真实感人的事情。

（2）示范的效果。示范就是一种表演，也属于实例说服法，是最容易引起听众注意的方式。有位演讲家说起抽烟的害处，除了讲了几个因为抽烟而生病的故事，引用一些统计数字之外，他还会拿出一张薄薄的卫生纸，然后对着卫生纸吹一口烟气，上面会留下淡淡的印痕。

然后，他再告诉大家，也许一口烟看起来没有什么影响，但是，如果朝卫生纸吹上几千口烟气，沾满烟油的卫生纸就会变黑。我们的肺就像那张卫生纸，如果长年累月地抽烟，肺不知道会变成什么可怕的样子。通过这个动作的示范，可以比你只是用描述的方式更让人感受到吸烟的危害。

有位推销员推销消防用品时，不急于开口说话，也不着急介绍自己的产品，而是从提包里拿出一件防火衣，装进一个大纸袋，然后用火点燃纸袋，等纸袋烧完后，里面的衣服仍完好无损。

通过这一神奇的演示，顾客产生了极大的兴趣。一位高级领带的销售员若一味地说“这是绅士牌高级领带，质量非常优良”，一般不会有什么效果。但是，如果他换一种做法，把领带揉成一团，再轻易地拉平，说“这是绅士牌高级领带”，这就能给人留下深刻的印象。

所谓“眼见为凭”，有的时候，说再多的道理，对方未必能够听进去，如果你能够采取一些很方便的实验和示范手段，让听众切实感受到后果，将会给你的演讲内容增添说服力。

（3）让对方亲自体验一下。这个方法可比举例子更加进一步，直接让对方体验一下，能够加深印象。

乔·吉拉德推销汽车，总会想办法让顾客去尝试。他说：“每一种产品都有自己的味道，我在和顾客接触时总是想方设法让顾客先‘闻一闻’新车的味道。”他会让顾客坐进驾驶室，握住方向盘，自己触摸操作一番。如果顾客住在附近，他还会建议他把车开回家，让他在自己的太太、孩子和领导面前炫耀一番，顾客会很快地被新车的“味道”所陶醉。

那些坐进驾驶室把车开上一段距离的顾客，最后都从他的手上买走了汽车。即使当时不要，不久后也会来买。因为新车的“味道”已经深深地烙印在他们的脑海中，使他们难以忘怀。

记住，人们都喜欢自己来尝试、接触、操作，人们都有好奇心。不论你推销的是什么，都要想方设法展示你的商品。让顾客获得亲身体验，能够吸引住他们的感官，那样你就能掌握住他们的感情了。

四、利用数据，让小数点为你说话

我们生活在数字的世界里，每天所见、所闻与所思的一切，几乎没有不涉及数字的。因此，我们也许对数字或多或少地产生麻木或厌烦的感觉。但是数据，作为增强说服力的一个关键点，我们又不得不重视它。

这是一个全新的数据时代。我们每天不仅会使用各种各样的数据，事实上，我们每天也在产生着各种各样的数据。数据已经变得越来越重要。作为说服高手，要想说服他人，除了语言，数据也是不可忽视的一点。

很多时候，当人们想要说服另外一个人的时候，总会产生一种疑问：自己明明已经将基本的信息传达给了对方，而且这些信息都是非常准确的，并没有夸张的成分，为什么就是不能获得对方完全的信任呢？对方还在担心什么呢？

1922年，来自纽约的一位女国会议员贝拉·伯朱格发表了一次演讲，呼吁女性应该在政治生活中赢得平等的地位。

在演讲中，她说："几个星期前，我在国会聆听总统对全国发表的讲话。在我的周围大约有700人。我听到总统说：'这里云集了美国政府的全体成员和内阁成员。'我环顾周围，发现在这700多名政府要员中，只有12名是女性；在435名众议员中只有11名是女性；内阁人员中没有女性；最高法院中也没有女性。"

贝拉·伯朱格的演讲赢得了公众的认可。这就是数据的力量，她所列举的这些具有鲜明对比性的数据说明了她的观点。无论对方是否赞成她的观点，在这些真实的数据面前都不得不承认，这个国家的政治领域确实存在着严重的性别歧视问题。

在某种程度上，数据起到了举事实的作用。如果要给数据下一个精确的定义，那就是对客观现象进行计量的结果。因此，数据往往具有不容置疑的力量。所以，要想说服他人，数据是必不可少的。当然，数据的精准性同样不可或缺。

当我们要强调抽烟对身体健康的危害时，如果只是一直强调："千万不要抽烟，抽烟容易得肺癌！"这种说法就很难说服别人。但是如果我们换一种说法："根据调查，抽烟者得肺癌的概率是不抽烟者的十倍。"这样，抽烟的危害就不言而喻了。

当我们在说服他人购买某种产品的时候，如果总是用"经久耐用"或者"卫生安全"这样的字眼，往往很没有说服力，假如能够使用数据来说明，效果就会更好。"我们公司的产品可以连续使用4万个小时而无质量问题"或者"我们公司生产的所有儿童食品都经过了12道严格的工序。此外，在质量监督机构检查以前，我们公司内部已经进行了5次严格的卫生检查"，诸如此类说法就会让听者产生信服。

利用数据，可以增强我们的话语说服力。但是并不是所有的数据都能带来说服力。只有精确的数据，才能带来好的说服效果。因此，如果能用小数点以后的两位数字说明问题，那就尽可能不要用整数；如果能用精确的数字说明问题，那最好不要用一个模模糊糊的约数来应付别人。

当然，精确数据的运用也是需要技巧的。如果使用不当，同样会造成极为不利的后果。在说服他人时运用数字，要留意下面两个要领：

（1）除非必要，否则不要随便提出数字。你抛出的数字过多，不但会令对方感到纳闷而关闭心扉，而且也会令听众觉得你没人情味；因为你所关心的只是冷漠的数字。

使用数据，是为了使你的话更具有说服力，并不是让你去做数据的堆砌，千万不要企图用庞大的数据和事例来征服你的听众。数据是点缀，是关键，但不是越多越好。

有位佛莱恩先生上台演讲，主题是关于华盛顿这个城市。整场演讲的内容都是一些枯燥的数据，不但他自己讲得乏味，底下听众也听得昏昏欲睡。

两个星期后，他再一次提到了华盛顿，却整个演讲都不一样了。原来，他刚买的新车在市中心让人给撞坏了，肇事者还逃之夭夭了。佛莱恩一提到这件事，就怒火中烧，语气激昂了，表情也丰富了。最后，听众给了他如雷的掌声。

（2）要设法为枯燥的数字注入生命，这就是说，要让数字所代表的事实，能成为一般人生活经验中的一部分。只有这样，人们对数字才感到亲切，也才能产生兴趣。

举例来说，下面的第一种数字陈述方式若能改为第二种陈述方式则其影响力将显著加大。

第一种：“假如各位接纳我的提议，则公司每个月至少能节省67453750元的开支”。

第二种：“假如各位接纳我的提议，则公司每个月至少能节省67453750元的开支。从另一个角度来说，倘若这项节省下来的开支，能以加薪的方式平均分配给公司的每一位成员，则每一个人每一个月的工资将增加3500元。”

（3）学会使用表格，让数据清晰化。人们常说，寸铁杀人。有时候说服一个人，凭借的就是语言的短小和精练。冗长无趣的语言远不如抓住要害的一句话效果大。要想尽量少说话，把事情变得更加简单清楚，表格是绝对不可少的。

在某总经理的办公室，销售部部长正在汇报上半年的经营业绩：“先从背景说起，正如您所了解的那样，去年与我们竞争的那家公司已经在东部地区展开了强有力的销售活动。我们东部地区分公司的业务人员急剧减少，再加上消费需求现在越发疲软……”销售部部长的汇报啰嗦而冗长。

听了一会儿，总经理的脸色已经很难看了，他终于忍不住了，不耐烦地说：“算了，你把具体的结果数据告诉我吧。我需要了解原因的时候，你再这样解释也不迟。”

销售部部长的汇报有问题吗？一点儿问题也没有！他所说的全部都是实情。但这是成功的汇报吗？答案显然是否定的。他失败的原因其实很简单，那就是他把一些可以用表格清晰说明的数字复杂化了。

很多东西并不是越多越好，例如语言。语言大师可以用很简单的语言叙述一件复杂的事情，而大部分普通人还不知道如何用简单的语言描述简单的事情。那么怎么办呢？没有关系！我们可以用表格。

我们必须了解一个事实：并不是所有的人都能够从枯燥的数字中看到规律。要想让人对你所表达的意思一目了然，你就必须通过表格把那些数据整理出来，让人一眼就能从中发现规律。这样，对方就能快速明白你的意思，从而引发思考的兴趣。

总之，在说服时要学会灵活地使用数据，以增强我们的话语说服力。最后建议，使用的数据，最好是和一些具有较大影响力的人或者事件有关，这样能够让说服对象比较容易相信你所说的话。想想看，同样是说服一个人购买某项产品或者服务，举出具体而有影响力的例子是不是比单纯的数据更加有说服力？

五、说明好处，“吸引”比“恐吓”更具说服力

说服别人的时候，一定要注意在你的语言里“加料”。与其讲“赶快将这件事做完”，不如说“如果你能够尽快把这件事做完，那就会有充足的时间来做下一件事。这样，现在虽然辛苦一些，但是做下一件事时则会有充分的时间”，对当事人来说，这无疑是一种很大的诱惑。

乘坐公共汽车的人都有这样的经验，当公共汽车上已经客满时，许多人仍然站在门口不想往里挤，售票员扯着嗓子叫喊“麻烦各位往里挤一挤”，乘客却照样无动于衷。如果售票员大声嚷嚷“里面还有空”，那么，许多乘客就会往里挤。

“倘若遵照我说的去做，绝对省时省钱，美观大方，又有销路……”这样的话，将不断刺激说服对象的欲望，直到他跃跃欲试为止。因此，在说服前，你必须准确地揣摩出对方的心理：他在想什么？他惯用的行为模式为何？现在他想要做什么？针对对方的喜好，说明具体的好处，将会让人对你的话感兴趣。

每个人在做事之前，难免都会想：“这样做有什么好处？”很多时候，说明好处，可以直接促使人们做出决定。

戴尔·卡耐基是美国著名的企业家、教育家和演讲口才艺术家，被誉为“成人教育之父”。他一生致力于人性问题的研究，运用心理学和社会

学知识对人类共同的心理特点进行探索和分析，开创并发展出一套独特的成人教育方式。他的成就举世瞩目。

他在纽约举办培训班时，租用的是一家大饭店的大礼堂。有一天，他忽然接到饭店方面的通知。对方告诉他，想继续租用大礼堂，租金要涨三倍。租金忽然暴涨，让卡耐基很是纳闷，他向饭店里的一个朋友打听此事：原来，饭店经理为了赚取更多的钱，打算把场地租给别人举办舞会。

卡耐基随即前往饭店，他找到了饭店经理，但没有与其据理力争，而是平心静气地说道："如果我处在你的位置，或许也会做出同样的决定。在这个饭店里，你的职责就是让饭店尽可能多地赢利。我能想象，如果不这样做的话，你的经理职位可能就难以保住。同时我也知道，你想把大礼堂租给那些办舞会的，因为他们能一次性付出很高的租金，而租给我，你显然吃亏了。"

经理没有说话，但他看卡耐基的眼神明显放松了很多。显然，在他见卡耐基之前，已经做好辩解的准备。但他没有想到，对方不仅没有责难他， 反而能处处为他着想。他的戒备心理此时已经降到了最低，而这正是卡耐基想要的。

卡耐基继续说道："但是，你考虑过没有，如果你增加我的租金，反而会导致收入降低。原因是，你想增加租金，实际上会把我赶跑。讲课是我的工作，所以离开这里之后，我肯定还会找别的地方举办培训班。但是难道这段时间你没有发现吗，我这个培训班吸引了成千上万有文化、有思想的中高层管理人员，这些人到你的饭店里来听课，实际上起到了免费为你的饭店宣传的作用。这些宣传所起到的效果，即便你花钱在报纸上做广告也难以达到。这些免费的广告，全是我的培训班带给你的。没有了我的培训班，会出现什么样的情形，你一定想得到。仔细算算，你是赚了还是赔了？”

经理被说服了。他最终放弃了增加租金的要求，让卡耐基的培训班继续办下去。

卡耐基说服饭店经理，不仅说明了增加租金带来的坏处，还清楚地分析了不涨租金的好处。卡耐基的分析，完全迎合了对方为饭店赢利的心理。在这个时候，饭店经理不是单纯地改变了主意，而是心悦诚服地改变。

你的销售员得到一次到国外旅行的机会，就会超常卖力地工作；你的地区经理在你决定将他划进副总裁候选人的行列后，变得更加积极主动，并且接受你的劝说，愿意到一个问题突出的地区去苦干一场。

一个人心里有了获得好处的预期，就会更加积极地做事情。相反，当对方根本没有获得好处的预期时，他的积极性就会大打折扣。倘若对方心里想着的是有可能导致的坏结果，那么必然战战兢兢，更加缺乏积极进取的态度。

所以，提高对方的心理预期，无疑是高明的说服技术。

有所大学找来170名烟民，做了一次实验。他们将烟民分成两组，然后让烟民思考戒烟带来的后果。他们引导其中一组烟民这样去思考：“如果我不抽烟了，我衣服上的味道就会好闻多了，我的家人就会更愿意跟我待在一起，我也会因此感到非常幸福。”

而引导另一组烟民这样想：“如果我不戒烟，我可能会得癌症，我的衣服闻起来依然满是烟味儿，我的家人跟我待在一起的时间会越来越少，因为他们可不愿意被二手烟毁了自己的健康。”

研究结果表明，前一组的烟民中能够坚持连续戒烟六个星期的人数，几乎是后一组烟民中的三倍。

为什么会这样呢？因为好处让人心情激越，坏处让人心情不爽。而在心情激越的情况下，做事的时候自然也就变得积极主动起来。

由此可见，人们总是希望有好处，而讨厌听到坏处。因此，在说服过程中，我们应该尽量说“这样做的好处是什么”，而少说“不这样做的坏处是什么”——你应该让对方有一个好心情，让人看到美好的未来，而尽量不要采取恐吓性的语言，让人害怕。

虽然恐吓性的语言有一定的说服力，但是会给人的心理带来明显的伤害。若你的说服对象因恐惧而服从你，这绝非好事。若你总是习惯于采取“坏处说服法”，散播负能量，过不了多久，你就会发现身边的朋友越来越少，而你自己的内心也会充满惶惑不安的负能量。这样做是得不偿失的。

因此，多说“这样做的好处”，少说“不这样做的坏处”，这不仅可以让你的谈吐更具说服力，同时也能增强你的人际吸引力。

语言如酒，有兑水散酒，也有百年陈酿，你的酒属于哪一种？面对同样的人、同样的事，不同的语言会带来不同的效果。恰当的语言带来说服力，而使用不当语言，则会减少说服力。因此，想要使自己更有说服力，平时我们就要多加修炼自己的语言表达能力。

本章将告诉你增强说服力的语言表达技巧，其中包括可以增强说服力的修辞方法。学习这些技巧的时候，要注重实践运用。但是学习和使用这些技巧的时候，一定要注意，掌握一些有说服力的语言修辞和表达技巧。

Part 04

瞬间打动人心的语言表达技巧

一、让你的语言表达得更通俗易懂

如果你打算说服他人，就不要说人家听不懂的话。否则，很容易影响你的说服效果。试问，对方根本不理解你所说的话，心中充满疑虑，又怎么可能接受你的说服，并答应你去做某件事情呢？

务求对方了解我们的真心实意，这是说服他人要先解决的问题。对不能完全了解我们说服内容的对象，千万不可意气用事，必须把自己的建议中的重要性及其优点说清楚，让他确实明白。假如你说服别人，第一次不被接受时，千万不要意气用事地说："说了也是白说。"

事实上，你必须用心一点，想办法把话说得更通俗一些，或者举一个例子加以说明。不要小看这样的小事，你的话有没有说服力，有的时候就全指望它了。

有一个传教士想要把《圣经》翻译成他传教的地方的语言。其中有这么一句：虽然你的罪恶一片鲜红，但是它最终将白如雪花。

一般情况下是逐字翻译这句话，但是现在他却遇到了问题。这些土著人根本没有雪的概念，甚至连"雪"这个字都不认识，他们根本不知道雪和煤炭有什么差别。

当地有椰子树，人们都很熟悉。于是，传教士就把"雪花"和"椰子肉"联系了起来。最后，那句话被翻译成：虽然你的罪恶一片鲜红，但是它最终将白如椰肉。

就这么一处巧妙的改动，就让那个地方的土著人十分清楚地理解了《圣经》里这句话所表达的意思。

语言有千差万别，而语言的表达方法也会各不相同。最好的做法是，用最通俗的语言表达你的观点，而不是用许多母语或者想当然的语言去表达你的想法。说通俗易懂的话，让人领会你的意思，才有利于谈话的展开和说服的达成。那么，怎样才能使得表达更加通俗易懂呢？

（1）尽量少用或不用术语。从表面上看，使用术语可以表明你的专业性，似乎可以增加你的说服力，但是，术语太多会让人觉得厌烦，甚至有时对方会觉得是你在故意说一些令人费解的话，以便蒙骗他。

记住，这个时候，你的目的是说服对方，而不是卖弄你的专业知识。因此，使用术语不要过度，少量几个，点到为止就可以了。当然，即便是少量几个术语，也有必要向你的说服对象解释清楚。

一位证券经济商的演讲，听的人都是一些家庭妇女，她们想了解一些关于银行和投资的知识。

这位演讲者一开始就使用了简单通俗的语言和幽默轻松的方式，以使她们放松下来。

他把她们所关心的问题都说得清清楚楚，更加重要的是，他把一些专业术语，比如“票据交易所”“课税”和“偿付”等，都用简单通俗的话解释得非常清楚。

结果，这场演讲获得了空前的成功。人们对他非常感激，并且都主动找他咨询投资方面的事情。

（2）使用类比，更加清楚地讲道理。相信很多人在演讲、做简报时，所说的题材会比较专业，台下的人不见得完全都懂，那么该怎样把事情表达清楚呢？比喻，就是一种很好的方式。

有一位IBM的职员把铅笔、杯子、橡皮和订书机都放在杯子里，解释她所做的工作就是为客户提供完整而稳定的系统服务，可以把很多数据放在系统中而不会错乱，就像可以在杯子中摆进各种文具一样。

你看，这样一种比喻的说法，是不是简单易懂多了呢？

哥伦布发现新大陆回到欧洲以后，很多贵族认为他的发现纯属偶然。于是，哥伦布顺手拿起了一枚鸡蛋，让这些贵族想办法把这枚鸡蛋立在桌子上。这些贵族无论怎么做也无法让鸡蛋立起来，并且断言鸡蛋是无法平稳地立在桌子上的。

哥伦布笑而不语，拿起鸡蛋在桌子上轻轻地磕了一下，鸡蛋就稳稳地立住了。贵族们看到哥伦布的做法后，嘲笑道："这样也算吗？那有什么难的，谁不会呢？我们每个人都可以做到。"

哥伦布笑道："你们现在能做到确实不假，但是问题是在我这样做之前，谁也没有想出这样做的办法，是不是？"

众人哑口无言。

哥伦布利用鸡蛋做巧妙的比喻，然后又借用对方的语言，最终轻易地将对方说服了。

有一次，实验物理学家法拉第在大庭广众之下做电磁学的实验表演。实验刚结束，忽然有人站起来高声问法拉第："这有什么用呢？"法拉第不假思索地回答道："请问，新生的婴儿有什么用呢？"

包括提问者在内，谁都是从婴儿长大的。对"婴儿有什么用"，这一反问是无法回答的。将处于实验阶段的地磁学理论，跟新生婴儿做类比，启人遐思，发人深省——使提问者自觉地去批判对科学实验的怀疑态度，同时也在自省中反思科学发展的未来。

借助类比，你可以把一些道理说得更加生动和具体，更加形象和清楚，让你的说服对象更容易接受。看看下面这段说服：

说服对象："这样做有没有风险？"

说服者："那您觉得结婚有没有风险？"

说服对象："当然有啊！"

说服者："既然有风险，那么我想请教您一下，您结婚后，会不会问对方自己现在有多少价值呢？"

说服对象一边摇头一边笑了。说服者笑着说："这就对了。既然结婚存在那么大的风险，您都敢结，那更何况一项投资呢？"

这样一来，说服对象就打消了疑虑。

采用类比的方式来进行说服，一般选取的都是一些生活中现实的、比较符合逻辑，甚至能让对方感同身受的例子。这样才能使对方不会感到很有压力，最终比较容易接受你的观点。

（3）讲一个动人的故事。想要对方听懂你的话，其实很简单，与其长篇大论，让人不明所以，甚或昏昏欲睡，还不如讲一个动人的故事。有个沟通专家说："如果你的听众不明白你在说什么，或者对你所说的根本不感兴趣，那么不如讲一个有趣的故事。据我所知，没有人不爱听故事的。”

有个演讲家特别喜欢通过讲故事来说明道理。有一次，他谈“人该如何好好过一生”，为了让听众明白自己的意思，他讲了一个小故事：

有一个小孩去参观水族馆，来到了鲨鱼区。在这里，有三种不同尺寸的鱼缸：小鱼缸里养的是小鲨鱼；中型鱼缸养的是中型的鲨鱼；最大的鱼缸里，养的是大型的鲨鱼，大小跟人差不多。

这孩子没看过那么多鲨鱼，有点着迷了。这时候，水族馆的馆长走了过来，男孩就问他：“请问伯伯，这条小鲨鱼长大了，你是不是就把它移到中间的鱼缸呢？等它再长大了一点，再移到大鱼缸呢？”

水族馆的馆长听他这么一问，微笑着说：“你知道吗？小鱼缸里的鲨鱼、中型鱼缸里的鲨鱼，都只能长到像现在这样大小。至于在大鱼缸里面的鲨鱼，就像是活在大海里一样，可以长到它应该有的长度。”

说完这个故事，演讲家对现场听众说：“鲨鱼能够长多大，是由水族馆馆长把它们放在哪一个鱼缸决定的。可是，各位朋友，我们自己要长到多大，是由谁来决定呢？”

用讲故事的方式来说服，不仅可以让听众更容易理解你的意思，同时，对听众的吸引力也更加强烈，另外，还可以引发人们的思考，给人留下深刻的印象。

总而言之，千万不要制造语言上的障碍，让人不明所以，心生疑虑。话要说得通俗清楚，理解的人多，影响力也更大，而说服力自然也更强了。

二、善用正面积极、令人充满热情的语言

众所周知，人都爱听好话。因此，与消极的话语相比，正面而积极的语言在说服力方面会更强一些。

体育频道主持人问一位举重亚军，说："本项目是国家队的夺金热门，你成为首位丢金的选手。请问你有何感想？"

另一位体育频道主持人问射击选手："你奋斗了20多年，参加了4届奥运会，而只获得了一枚铜牌，你觉得你有愧于祖国吗？"

"你觉得和冠军在同一个时代是不是很悲哀？""你有没有信心得亚军？因为冠军已经是别人的了。"

说这些话的人，也许是对采访对象、采访行业不熟悉，也许是觉得自己准备好的问题很精彩，生拉硬拽非要往既定问题上靠，结果出现了让人扫兴的场面。

说了别人不爱听的话，对方讨厌你了，你又怎么能够说服对方，让对方接受你呢？因此，如果你想要增强自己话语的说服力，那么平时就多说一些正面的话，而少说一些让人听了觉得扫兴的话。

马克是一名刚入行的推销员。最近他很苦恼，因为总找不到客户。他把自己的烦恼讲给朋友听，并感慨道："也许我真的不适合做销售！"

朋友说："不一定吧！能把你见某位客户时的经过说给我听吗？也许

我能发现些什么。”

马克一听更沮丧：“哪里有什么经过啊！就像昨天去见迈克·琼斯先生，我对他说：‘琼斯先生，对不起，周末来打扰您真不好意思，您现在有时间吗？’我只说了这么一句话，就被他给堵住了，他说：‘不好意思，我很忙，马上要离开，下次吧！’”

朋友低头沉思，然后说道：“我明白了，其实从一开始你就让自己陷入被动了。你的第一句话根本没有赢得对方的认同感，并且给了对方拒绝你的理由。你可以换种说法，比如：‘琼斯先生，周末见到您真高兴！请给我三分钟的时间可以吗？’你这样试试看，也许结果会不一样。”

马克依言而行，果然顺利了很多。

马克最初为什么会遭遇失败？就是因为他所说的话让人扫兴。如果有个人像马克这样对我们说话，我们就会想：“既然明知道是打扰，为什么还要来？”至于像“你现在有时间吗”之类的问法，同样会让人产生排斥感。对于这样的问句，我们通常会顺口拒绝：“哦，对不起，我没有时间，我很忙。”这样一来，交流也就无法再进行下去了。

马克的朋友指点的技巧，就是说好听的话。见面开场的第一句话，就表达高兴的情绪——“周末见到您真高兴！”这句话，无形中就拉近了与客户之间的距离。是啊，谁不愿意别人见到自己高兴呢？再说“请给我三分钟时间好吗”，就算别人很忙，也不忍心拒绝他人三分钟的请求，因为马克看起来是那么的善解人意。

这就是正面话语的好处：它能够让人变得更加热情，更加积极。你若能够灵活运用正面的话语，激发说服对象心中的热情，让对方积极响应你，对你的说服是有莫大好处的。

某教堂的一位洋牧师被人们公认为募集捐款的高手。其实，他并没有耍什么特别的手段。那么他到底使用了什么好办法呢？其实，他每次都只是笑嘻嘻地说："这次又有机会为教会捐款了。"这也是一句正面的话，言下之意很明白：募捐是一件让人感到荣幸的事，更是一件不可多得的美事。当人们听到这种正面的话语，往往很容易产生积极响应的念头。

因此，若你想要增强自己的说服力，那么在说服的过程中，不妨根据情势，多说一些正面的话语，让人变得更加积极。

下面是几个正面说话的技巧：

（1）把"但是"变成"正因为如此"。比如，"现在是打字机的全盛时代，但是，不能丢弃手写书信的美好"，这样一句话，虽然说明了手写书信的优点，却不能给人留下深刻印象。换一种说法，效果全然不同："现在是打字机的全盛时代，正因为如此，手写书信才越发显得珍贵和美好。"这样一来，手写书信得到了正面的、积极的肯定，让读者也产生了一种今后改用手写书信的冲动。也就是说，把"但是"换成"正因为如此"，就大大提高了语言的说服力。

有位业务员担心无法完成任务，他向上级主管解释道："我也想实现这一目标，但是时间太短了。"上级主管说："正因为如此，才将这个任务交给你，你在我们团队里的业务能力最强，好钢就要用在刀刃上嘛。"于是，业务员接受了任务。

有一位杂志社的编辑，他对说服作者很有一套。不论那些作者如何繁忙，他总有办法使得他们答应为自己的杂志社写稿。本来他的口才在编辑部并不属于一流，但奇怪的是，那些作家很少会拒绝他的请求。

他究竟是如何做到的呢？据他自己描述，他使用的其实是一种特别简单的方法：每当他向作者催稿的时候，他就会说："当然，我知道你很忙，正因为你很忙，我才无论如何请你帮个忙；那些过于空闲的作者写出来的作品，总是没有你的好。"

使用这种说法，很少有不成功的时候。那位编辑的办法就是使用"正因为如此"扭转局面的：先认同对方的观点，让对方感觉到你是理解他的，然后再给他戴一顶"高帽子"。这样他就无法轻易拒绝了。

（2）避免说容易丧失信心的话语。在工作或学习不顺畅的时候，很多人都会说"毕竟不行""终究还是不行""总之能力还是有限"或者"毕竟比不上他"之类的话，然而，这类话都是把一种放弃的心境变为正当化的典型表现。这类话一旦说出口，本来能够做好的事，也不一定能做好了。

当人们的心中认可了"毕竟""终究""到底""没办法""无可奈何"这些字眼时，就表示已经放弃努力，停止思考。接受这些话语的人，往往会把负面效果视为理所当然，并且还会产生惰性，从此不求进取。

因此，在说服的时候，最好少用或不用这样的话语，以免影响你的说服力。

（3）"没你不行"——强调对方的重要性。在谈恋爱的时候，我们会这样说："没有你，我活着还有什么意思？"对于处于热恋状态的人来说，这是真实的感受，但在旁人理性的看法中，这当然是一种夸张的说法。事实上，地球离了谁都照转，但是当我们这样对别人说的时候，却很容易打动对方。因为对方从我们这句话中，感到了自己的重要性，这让他有存在感。

有一头牛和一匹马共同生活在后院里，牛羡慕马，觉得马的工作才是自己想要的。这天，牛又被主人从后院里牵出来去耕地。它很不情愿，在干活的时候总是走走停停，一点儿也不用心。主人很生气，开始破口大骂，并用鞭子打牛。没想到牛一挨打，反而更不走了。怎么办呢？主人左思右想，想了一个好主意。

第二天早上，主人对牛说："有一件事情，我想让你去做，不知你肯不肯，也不知你能不能做到？这可是连马都做不到的呀！"牛一听，萎靡之态一扫而光，很高兴地问："什么事情？"

主人说："我想让你和我一起去一个很远的地方送些东西，但路上会有一些可怕的鬼怪，不知你害怕不害怕？我问过马了，它因为害怕那些鬼怪，不愿意跟我一起去！"

牛不但不害怕，反而更加高兴了，大声地说："当然了！主人啊，你终于明白我的能力了，我的理想就是干马也干不了的活啊！"

主人说："那好，不过为了让你不害怕，我要把你的眼睛用布蒙上，这样你就可以带着东西一直快走了！"于是，牛心甘情愿让主人蒙上眼睛去耕地了。

晚上回来后，马见牛身上的泥巴，问道："牛兄，你到哪里去了？"

牛得意扬扬地说："想不到吧，今天主人交给我一项重要任务，连你都做不到啊，现在我帮主人做完了！在路上，主人不停地夸我，说我是最勇敢的动物！真让人开心，咱们家主人真好啊！"

翌日，牛又带着快乐的心情被主人牵去耕地，在经过其他动物时，它无比自豪。

"没你不行""非你不可"之类的话，突出对方的重要性，能够加强对方的自尊感。放大说服对象对我们的重要性，将使对方更加积极地认同我们。因此，如果你想要说服某个人，获得对方的帮助时，那么不妨适度夸张一下，告诉对方："没你不行！"

三、让你的语言表达得更有感情一些

古人云："感人心者，莫先乎情。"真正的说服，不仅是言语的胜利，还是情感的胜利——只有在情感上征服人，才算真正地说服。因此，我们要运用情感技巧，动之以情，以情感人，打动人心，进而说服别人。

巴黎一条繁华的街道上，站着一位衣衫褴褛、双目失明的老人。他是一位可怜的乞丐，在他的身边立着一块木牌，上面写着："我什么都看不见。"很显然，他想用这句话说服过往行人，使他们慷慨解囊，救助自己。

可是他的希望落空了：过往行人虽多，但人们显然觉得兜里的钱更重要一些。大多数的人经过老人身边时，只是匆匆瞥一眼，便无动于衷地走开了。

这天，法国著名诗人让·彼浩勒经过这里，他十分同情老人，便详细地询问了老人的收入情况。

老人愁苦地叹息道："我昨天在这里等了一天，一毛钱也没有得到，所以只能饿着肚子。今天上午还是这样，如果下午再没有收入，我就只能去别的地方乞讨了。"

让·彼浩勒想了想，决定帮助老人。他拿起笔，在老人身边的木牌上添了几个字。

晚上，诗人又经过这里，当他再次问及老人的收入时，老人笑着对他说：“先生，不知是什么原因，下午给钱的人多极了。”诗人看着老人身边木牌上的字，不由自主地笑了，那上面写着：“春天到了，我却什么都看不见。”

就加了那么几个字，使原本平淡无奇的一句话充满了浓重的感情色彩。正是这句饱含了感情的话，勾起了路人的同情心，使得他们纷纷解囊。这就是具有吸引力的话语。

如果你的语言，缺乏感情色彩，甚至给人一种虚情假意的感觉，那么就很难打动别人。相反，如果你能够运用一定的技巧，提升语言的情感色彩，表达也就更具感染力。让我们来看一看下面这一段广告词：

你只闻到我的香水，却没看到我的汗水。
你有你的规则，我有我的选择。
你否定我的现在，我决定我的未来。
你嘲笑我一无所有，不配去爱，我可怜你总是等待。
你可以轻视我们的年轻，我们会证明这是谁的时代。
梦想是注定孤独的旅行，路上少不了质疑和嘲笑，
但那又怎样，哪怕遍体鳞伤，也要活得漂亮！

相信很多人都看过这则广告，广告词并没有华丽的辞藻，也没有过多强调产品和品牌。但它通过对比的修辞，描述了年轻人在奋斗过程中所遇到的困难，也展现了年轻人的理想与憧憬，引起年轻人的情感共鸣。只是看过一遍这个广告，就已经过目不忘。

人是情感动物。想要真正说服别人，我们一定要注意自己的语言所传达的信息，并让情感融入其中。人的言行是由感情决定的，情感的号召力往往比理性的号召力更为强大。利用人们内心的柔软，借助情感的力量说服他人无疑是一种非常聪明的方式，也是通用的方式。

有一个小男孩想要母亲为他买一条牛仔裤，这是一个很简单的要求。但是男孩怕遭到母亲的拒绝，因为他已经有了一条牛仔裤。怎么办呢？聪明的小男孩想到一个好主意。他没有像其他孩子那样苦苦哀求或者耍赖，而是一本正经地对母亲说："妈妈，你见没见过一个孩子，他只有一条牛仔裤？"

这句天真的话打动了他的母亲，而小男孩也就得到了自己梦寐以求的牛仔裤。后来，母亲谈起这件事，说到了当时的感受："儿子的话让我觉得，如果不答应他，简直有点儿对不起他。我想，哪怕在自己身上少花一点儿钱，也不能太委屈孩子了。"

这个小孩子，如同一个经验丰富的说服高手，他竟然懂得使用如此高明的说服技巧。或许他根本就不知道何为说服之道，他只是想要表达自己的可怜，结果碰巧抓住了说服的关键点——情感表达。

有一个驼背的小伙子，固执地爱上了一个商人的女儿。这看起来是一件很可悲的事情，小伙子不仅家贫，而且相貌不佳，却爱上了商人的漂亮女儿，肯定会是不好的结局。但事实是，这个小伙子说服了商人的女儿，并与之喜结连理。

他是怎么做到的呢？千万不要以为这个商人的女儿不爱漂亮的小伙

子，她和所有青春期的少女一样，一直幻想着能找到一位迷人的白马王子，甚至在她的观念里，也只有相貌英俊、家资丰厚的小伙子才能与自己相配。因此，在刚开始的时候，她始终没有正眼看过这个驼背小伙子，甚至还嘲笑过他，认为对方是癞蛤蟆想吃天鹅肉。

小伙子一点儿也不气馁。有一天，他找到了这个女孩子，鼓足勇气问："我想知道，你相信缘分吗？"青春期的女孩子哪有不相信缘分的，于是女孩子答道："我当然相信！你相信吗？"

小伙子看着女孩子，认真地回答："我当然也相信！而且我已经知道我未来的新娘是谁了。我听老人们说过，每个男孩子在出生之前，上帝都会告诉他将来要娶的是谁。所以在我出生的时候，上帝已经给我许配好了未来的新娘。可是上帝还告诉了我一件事，我的新娘将会是个驼背。于是我向上帝恳求，希望他能把我的新娘的驼背赐给我，让我的新娘可以漂漂亮亮。上帝同意了我的要求，所以我变成了如今的样子。"

女孩子看着小伙子真诚的眼睛，忽然间觉得他的驼背其实一点儿也不难看。一年之后，她成了他的妻子。

这是一个美丽的爱情故事，现实生活中的女孩可没有那么容易被打动。但是故事里的驼背小伙子确实很有才，其说服姑娘的方法，值得我们研究。他的方法其实很简单，就是以情动人。

那位姑娘认为，自己的白马王子肯定是一个相貌与家世都能与她匹配的人。如果顺着她的想法，那么驼背小伙子就只能从相貌、家世上说服她，可是这些恰恰是小伙子所没有的。就算他口才再好，说得天花乱坠，也无法使自己的驼背变直溜，把贫穷变富贵。

因此，他只能从这个说服思维里跳出来，从缘分说起，表达真挚的感情，抓住了姑娘的心。姑娘从来没有想过，这个世界上还有人会为自己做那样的牺牲。虽然那只是一种假设，但就是这样一个并非事实的故事，让姑娘心动了；因为她从这故事的字里行间，感受到了小伙子深切的爱意。

于是，这位小伙子成功了。他的确是一位说服高手，因为他懂得以情动人。人与人之间总有一段距离，情感是连接彼此的桥梁，只有通过情感这座桥梁，才能到达对方的内心深处。当情感充溢时去表达，即便是无法言语的人，也能够与人流畅沟通，你相信吗？

有个少女尼诺住在大山深处的湖边，过着与世隔绝的生活。一位精神科医生很偶然地发现了她，然而，这个少女使用的语言是这位精神科医生从未听到过的。原来，她的母亲曾经在街上遭到强暴。由于过度惊吓，精神错乱，她的母亲逃到大山深处的一座房子里，生下了双胞胎。

后来，母亲和双生子中的另一个孩子都去世了，只剩下尼诺一个人活了下来。她的母亲患有语言障碍症，而且她们又过着与世隔绝的生活，所以，母亲使用的那种奇特的语言就成为母女三人交流的工具。

因此，精神科医生完全听不懂尼诺的语言。但是，尼诺拼命地对医生说话，而医生也努力地去理解她的“尼诺语”。结果，不久之后，他们之间就能够交流。

这个故事是真的，它告诉我们 即使是支离破碎的语言，只要你有坚定的信念，就一定可以与人交流。

在现实社会当中也有很多类似的例子。如果说到精明干练的销售员，我们马上就会想到那些口若悬河、拼命向顾客游说的人。还有许多优秀的销售人员，他们的共同点不是雄辩，而是沉默。他们在对顾客讲话的时候都是讷讷的。

他们要传达的不是自己的口才如何之好，而是真诚和热情，语言倒在其次。这也就难怪他们都拙嘴笨舌的，让人看了都着急。他们并不是故意装作不善言辞的样子，而是因为真诚和热情占了上风。

话语的感情色彩越强烈，语言有时会显得越笨拙。然而，正是这样一种情状，使得对方体会到你的真诚，而自然会放下警戒心理。

古语说："巧言令色，鲜仁矣。"如果只是善于言辞，而没有一颗真诚的心，是不会让对方感受到自己的热情的。巧言善辩、甜言蜜语只能令对方提高防范意识。所以，想说服对方按照自己的意愿行动的话，口若悬河最要不得。

四、善用那些别人乐意听的话

国画名家俞仲林先生画的牡丹闻名遐迩，有个人慕名买了他亲手绘的一幅牡丹图。谁知这个人的朋友来访看到后，竟大呼不吉利："你看，这牡丹根本没有画完整，缺了一角。你不知道牡丹代表富贵吗？缺角岂不是富贵不全？"

这个人大吃一惊，连忙把画拿了回去，想请俞先生重画一幅。俞先生听他说完事情的经过，告诉这个人："这幅画的寓意不是这样解的。牡丹代表富贵，没有这么一边，就是富贵无边，怎么会富贵不全呢？"这个人一听，恍然大悟，十分高兴地把画带回了家里。

俞仲林先生的话为什么有说服力？因为他知道，别人求画多数时候是想讨个好彩头，若没有准备好的说辞，对方恐怕不会买账的。你看看，这么一个"富贵无边"，立刻就让人欢天喜地。

所以说，我们在说服人的时侯，要学会说一些讨喜的话，讨个好口彩。若你说话不注意，总是说一些让人觉得晦气的话，那就很容易使你的说服工作变得艰难。

有个人去喝别人家的孩子的满月酒，宾客纷纷对着白白胖胖的娃娃发表赞美，而他偏偏说："这孩子以后会死。"结果被主人家狠揍了一顿。

这个人说的话不对吗？他说的是大实话，可是，在这样的场合，说这样一句话，让人觉得晦气，明显是找打。

这个小故事的意思很明白，说服的时候，最好不要说晦气的话，让人不自在还是小事，说不准还会讨来一顿打。多说好听的话，讨个好口彩，一方面受人欢迎，另一方面也有利于我们的说服，何乐而不为呢。那么，我们该怎样才能讨个好口彩呢？

很多人觉得自己说话没什么水平，其实每个人的表达能力都可以很强的，只要转变一下思路就可以了：任何话语都可以有两种以上的表达方式——一种是听上去让人感觉美好的，一种是听上去让人觉得不爽的。就看你怎么说？

有个村庄的理发师，年纪大了，准备找个接班人，继续为村民服务，于是便收了一个徒弟。这个徒弟很认真，学习了三个月，便接了师傅的班，信心十足地上岗了。

第一位顾客来了，他规规矩矩地接待了，然后认认真真地理完了发。他感觉自己理得还不错，但是没有想到的是，顾客照了照镜子，却说："头发留得太长了。"这句话让小徒弟有些不知所措。

这个时候，边上的老师傅笑着说道："头发长，让您看上去更加含蓄，这叫藏而不露，很符合您的身份。"那位顾客的脸色本来不太好，听了老师傅的话后，顿时笑了起来，高高兴兴地走了。

小徒弟给第二位顾客理完发，心里就有点忐忑了。果然，这位顾客照了照镜子，却说："头发剪得有些短。"小徒弟有心辩解几句，但又怕引发争执。

这时，边上的师傅又说话了："头发短，才能显出你的精神，这个形象看起来更朴实、厚道，让人感到亲切。"顾客转嗔为喜，点头走了。

收拾起沮丧的心情，小徒弟接待了第三位理发的客人。这次，顾客倒没有挑剔，只是最后笑着对他说："花的时间挺长的。"小徒弟一下子就听出顾客的不满意，心里很委屈："还不是为了给你剪得好一点儿！"但是这样的话，他不能说出来。

边上的师傅再次开口解围："为大人物理发，自然要多花点儿时间。"顾客听罢，大笑而去。

吸取了上一次的教训后，小徒弟为第四位顾客理发的速度就加快了。然而，让他没有想到的是，这位顾客一边付款一边说："动作挺利索，十分钟不到，就解决问题了。"言下之意似乎怀疑小徒弟不够认真。

徒弟无语了。

师傅笑道："时间就是金钱，如今这个时代，讲求的就是'速战速决'，我们理发店也要与时俱进，帮助客人赢得时间。"顾客听了，点头赞同，欢笑告辞。

晚上下班，小徒弟不解地问："师博，是不是我手艺还没有学到家呀？为什么每次都让顾客不满意？要不是您在边上为我说话，我今天说不定就会和顾客吵起来了。"

师傅笑道："做我们这一行，顾客就是上帝。遇到挑剔的顾客，也很正常。所以，我们要学会随时解决这些问题，而解决这些问题的关键，就是会说话，会说顾客喜欢听的话。每个人都爱听好话，你把话说好了，顾客提出的所有问题，也就迎刃而解了。你的理发技术是合格的，现在你要学习的是说话的技术，你明白吗？"

小徒弟仔细想了想，立刻明白了其中的道理。从此，他学习更加刻苦了，说话的技术和理发的技艺也越来越精湛。

面对顾客的挑剔，小徒弟总是无言以对，因为在他看来，自己确实没有满足顾客的要求。但是老师傅出马，说几句话而已，便轻描淡写地抹去顾客的不快，让顾客开怀离开。这就是不会说话和会说话的区别。

其实，这种说话方法，和前面俞仲林先生的说服方法是一样的，妙处就在于改变思维——把坏事变成好事。

我们做事，不仅仅要会干，更要会说。回想一下日常工作和生活中的琐事，我们不难发现，由于说话水平不同，我们所获得的效果和回报也大不相同。

话说得好，让听者高兴，那么办事就更有效率，问题就更容易解决，回报就更高；相反，就可能造成麻烦。

仔细想想，如果那个小徒弟没有老师傅在边上解围，很可能就会和顾客争辩，又或者服从顾客的指点，去返工，结果陷入吃力不讨好的境地——头发理得太长，重新剪短也就是了，但是头发剪短了，你可没有办法让它当即重新长回去吧？

我们一直强调，要去解决问题，有的人就觉得，解决问题非得实干不可，其实这样的观点是片面的。生活中许多问题，其实都可以通过说话来解决。

所以，有人说了：一句恰到好处的话可以解决一个天大的难题，改变一个人的命运；一句不得体的活，可以导致错失一个天大的机遇，毁掉一个人的一生。这话不是夸张，而是实实在在的。

尤其是在今天，在职场上，你每天都要和同事、领导、客户说话，在家庭中，你每天都要和配偶、孩子进行交流。会说话，你就能够和同事友好相处，与领导搞好关系，同客户达成协议；会说话，你就可以消除与配偶的误会，增进彼此的感情，和孩子拉近距离。学会说话，说让人开心的话，将为你打开人生的另一扇门。

五、站在他的立场，引导他的思维

说服对象反对你的提议，通常是因为他有自己的想法，若他的想法尚有可取之处，那么此时最好的办法，就是先接受他的想法，站在对方的立场想问题，最好能说出对方想讲的话。

为什么要这样做呢？因为当一个人的想法遭到别人的否决时，极有可能为了维持尊严或咽不下这口气，反而变得更倔强地坚持己见，排拒反对者的新建议。若是说服别人沦落到这地步，成功的希望就不大了。

下面看一个例子：

某家用电器公司的推销员挨家挨户推销洗衣机，当他到一户人家时，看见这户人家的太太正在用洗衣机洗衣服，就忙说："哎呀！这台洗衣机太旧了！用旧洗衣机是很费时间的，太太，该换新的啦……"

结果还没等这位推销员把话说完，这位太太马上产生反感，不高兴地反驳道："你在说什么啊，这台洗衣机很耐用的，到现在都没有故障，新的也不见得好到哪儿去，我才不换新的呢！"

过了几天，又来了一名推销员。他说："这是台令人怀念的旧洗衣机，因为很耐用，所以对太太有很大的帮助。"

这位推销员的话，使得这位太太非常高兴。于是她回应道："是啊，我家这部洗衣机确实已经用了很久，是旧了点，我倒想换台新的洗衣机。”于是推销员拿出预先准备好的宣传小册子，提供给她作为参考。

毫无疑问，第二位推销员的说服是成功的，只是因为他首先表达了对这位太太的认同。如果你想你的说服对象接受你的观点，那么开始的时候，你先要接受他的观点。

如果你想让一个人接受一种新思想，而这个人是那种非常固执的人，很难接受别人的建议，不管那种建议是如何好，他就是认为自己的思想是最有价值的。这个时候，怎样才能使这种人改变原有的思想观念，接受你的新思想呢？有一个很简单的方法，可以提供给你参考：那就是让这个人认为这一切都是他自己想出来的。

有个生产部门的经理，对生产监督员说：“如果我们把三号切割机搬到那边去，然后再加两个电动卷绕机的话，我们的生产速度还能提高。我想听听你是怎么考虑的。”

一天后，这位生产监督员找到了部门经理，说：“参考了其他组员的看法，我有了一个更好的主意。如果我们把三号切割机搬到这里，然后再加两个电动卷绕机，我们在组装线上就能少走不少冤枉路，生产效率能提高5%~10%。我们不妨试试看。”

生产部门经理的方法，要比直接告诉一个雇员去做什么好得多。人们都不喜欢被别人告诉怎样去做他们的工作，他们喜欢按照自己的方法做事。因此，运用这种建议的方法进行说服，效果通常都非常不错。

还有一种方法，就是向被说服者请教问题，或请求对方的帮助，然后让对方说出你想要说的话。

威尔森先生的工作室专门为纺织品制造商提供图样。威尔森先生曾多次拜访一位纺织品制造商。这位纺织商虽然没有拒绝见他，但也从来没有买过他的图样。纺织商总是仔细地看他的图样，然后说："不行。威尔森，我想今天我们不能要你的东西。"

经历了十几次失败后，威尔森突然醒悟了，他决定尝试一种新的方法。他拿了6张还没有完成的图样，跑到那位纺织商的办公室："我想请你帮我一个忙。这里有一些还没有完成的图样，我想请你告诉我，我们应该怎样完成它们，才能使你满意？"

纺织商默默地看了图样一会儿，然后说："好吧，威尔森，如果你不觉得唐突的话，就将图样放在我这里，你过几天再来找我。"

三天过后，威尔森再去找纺织商，听到了许多建议，然后取回了图样，并按照设计师的意见把它们画完。结果呢？这些图样全都被买下了。

从那时起，那位纺织商便成为威尔森工作室的主要客户。威尔森说："我现在明白，为什么我以前不能和这位买主做成生意了，以前我一味劝他购买我以为他应该买的。而现在，我卖的是他的想法。现在即使不向他推销，他也会主动来买。"

如果你想要对方接受你的说服，那就不要从一开始就试图兜售你的观点。你要先接受对方的观点，并把自己的观点变成对方的观点，让他以为都是自己的想法。

一位销售员带着一对夫妇看了一辆又一辆汽车，但是这对夫妇总是不满意，一会儿说这辆有损坏，一会儿说那辆价钱也太高——他们总是嫌价钱太高了。推销员很是无奈。

组长了解了销售员的烦恼，对他说："像这样的顾客，你最好不要告诉他们该如何做，而是要反过来，让他们告诉你如何做。一定要使他们觉得是他们自己在拿主意。"

几天之后，有一位顾客希望把他的旧车换成一辆新车时，这位销售员决定尝试一下之前的建议——或许这辆旧车能使那对夫妇动心呢。

于是，销售员给这对夫妇拨打了电话，希望他们给他一点建议——这辆旧车的估价和是否值得购买，就算是帮他一个忙。

销售员对夫妇中的男主人说："你是一位很精明的买主。你了解汽车的价值。但是能不能请你看一看，试一试这汽车的性能，并请告诉我这车该折多少价？"

男主人满面笑容，驾驶这辆旧车上了大道，一直开出去20里地，再开回来，然后，他建议："如果你能以1000美元买下这辆车，你就占便宜了。"

"如果我以那价格卖掉它，你愿不愿买它？"销售员问道。

"1000美元吗？当然买。"这是他自己的主意，他自己的估价。于是这笔生意立即成交了。

很多时候，你表现出你的聪明和强势的时候，通常就不会受到别人的欢迎，相反，如果你向人请教，或请人帮忙，或者表现出自己的弱势，则可以让人接受。

一位记者听说一家企业快倒闭了，于是找到了该公司的宣传科科长进行采访，但是这位科长却什么消息也不肯透露。当时场面很尴尬，记者想抽烟，但又不知烟放在哪儿了，于是他就搜寻衬衫口袋、裤子口袋，最后没办法，又去摸外套的口袋。

这位科长看到他的动作，觉得有些可怜，便担心地问："你怎么了？"记者说想抽根烟，科长拿出自己的烟来给他抽，从这时起，他们便开始了交谈，记者获得了很多宝贵的资料。

这位记者能够得到宝贵的新闻资料，纯属巧合。不过，有时故意做些动作倒可以让人更愿意接受你的说服。

另外，在对方讲话时，适当地随声附和，也能让人更愿意接受你。通过点头、随声附和或微笑等方式表示出你完全接受他所说的话，那么，对方心里会产生软化，认为事情没有那么严重，不需要你完全接受他，最后他就会听从你的劝告。

下面是一名男子与一位不轻易听人劝说的女士搭讪的对话：

"今天家里有事……而且我的心情也不太好。"

"是吗？晚上还有事情，确实令人讨厌。"

"不，并不是什么重要的事。"

"是吗？那么你先打个电话把事情解决一下不就行了吗？"

"是啊，那就打个电话吧。不过，不打电话也没关系，算了，电话也不打了？"

"如果真的没关系，那我们就抓紧时间一起谈谈吧。"

这样顺应对方的语气进行对话，对方就不会排斥你，而且会轻松地与你交谈。因为你的随声附和，可以消除对方内心深处的戒备。所以这种说话的技巧，效果往往很好，常被运用于说服开始的时候。

总的来说，想要使我们的说服被人接受，应该掌握一些说话的技巧，特别要注意的是，最好让对方心甘情愿地听你说，而不要试图蛮干——即便你的话很有道理，若是直接顶撞上去，也容易让人受伤，而产生反感情绪。

你可以是一名独步超市的精明购物杀手，你可以是一名热衷于高端消费的企业高管，你也可以是一名网络购物达人……但你是否是一名科学消费的消费者呢？在日常消费中，你是否真的如你自己所想的那样精明呢？

本章将带你进入心理学的世界，让你透过生活中的心理现象去感受和领悟更深入的说服技巧。通过本章的学习，你将更加了解自己，了解你的说服对象。同时，你将明白一些有趣的问题：为什么超市里专家这么受欢迎？为什么有些商品价格越高越好卖？为什么你总会买一些不需要的东西？……

Part 05

说服工作中的几个心理学效应

一、互惠原则:“大家好，才是真的好！”

有句俗话说：“吃人的嘴软，拿人的手短。”这话的意思很简单，就是吃了别人的，拿了别人的，就不好意思拒绝对方的要求。为什么会这样呢？心理学家指出，这是因为我们的人际交往中存在着一种互惠原则。

一位大学教授做过一个小小的实验。他随机挑选出一群素不相识的人，然后给他们寄去圣诞卡。虽然他估计有些人可能会回复，但人们的反应真的让他很吃惊——那些素昧平生的人寄给他的节日贺卡像雪花般纷飞而来。大部分给他回寄贺卡的人根本就没有想过要打听一下这位陌生的教授，也自动回寄了一张。

为什么会这样呢？因为我们从小就被教育，在得到某些礼物时一定要回礼，一般以同等价值的回礼为宜。当别人送你很贵重的礼物时，你是否会感到窘迫呢？

通常来说，别人送给我们很贵重的礼物时，我们往往会十分窘迫。假如这份礼物最终还是勉为其难地接受了，我们就会感觉自己有责任去买些特殊礼物来弥补对方。

在人们骨子里深埋着一种固有的行为模式。当某人给予你某种可知的价值时，你要立即带着给予对方回馈的想法报答。从某种程度上讲，互惠原则几乎支配着我们所有人。

在集贸市场旁，或路边上会碰到一些挑着担子叫卖的人们，他们总是鼓励你停下来尝一尝。也许是因为所卖之物成色不错，也许是因为你认为他们的东西是自家产的，绿色的，或许是因为你可怜他们，无论什么原因，总有些人会停下来品尝一下。在品尝之前你肯定很清楚是“免费的”“买不买都无所谓的”，但是又有几个在“免费品尝”后是空手而去的呢？

互惠原则是现代社会的基本规则之一。根据社会学家研究，人类之所以有别于其他动物，就是因为人类的祖先学会了在公平的偿还机制中分享食物和技能。这样才有了劳动分工和社会发展。

当妻子正在家里做着家务活，丈夫则感到有责任去房子周围找点事做。当可怜的妻子在擦洗地板、洗衣服、刷盘子，埋头干着家里需要做的任何一项劳动时，丈夫正看着球赛仿佛并不在意，其实他的心里会有种负疚感。

当护肤产品促销员让你免费试用他们的产品，过些日子后，你往往会再次跑去看看是否有你喜欢的产品以及需要购买些什么。大多数护手霜都有保湿的效用，如果这个香味吸引人，毫无疑问地，那些在几周内试用过产品小样的女人们，都会购买至少一种促销员手中的产品。

当你的朋友邀请你吃饭或玩耍后，你就会感到有责任邀请他们到家中做客。虽然做晚饭需要付出大量的准备工作，向公司请假又需要更多的付出，但是去别人家里做过客而又不回请的话，将致使双方关系紧张。

由于人们为你做了某些事，所以你感到有责任或被迫去为他人做些什么，这样的例子比比皆是。这并非是人类的“天性”，显然是来自儿童时期形成的经典性条件反射的结果，而且很难被推翻。

在现代社会中，互惠原则已经成为一种非常有效的说服他人的工具。在互惠的基础上，人们会比较容易答应一个在平常一定会拒绝的请求。

我们根据自己的喜好选择交往对象或者购买物品，但是在互惠原则的影响下，个人喜好因素很有可能变得很微弱。从某种角度上说，互惠原则甚至具有超越个人喜好的力量。

下面说两个利用互惠原则来说服的小技巧：

（1）你想要赢得别人的支持，就先向对方示好。

一位哲学教授正在举办哲学宣讲班。在一群年轻的大学生中间，坐着一位中年人，他听讲很认真，还时不时地提出一些问题同教授进行讨论。在宣讲班结束后的一天，这位天天来听讲的中年人找到了哲学教授。

教授感到很好奇，问："你找我有什么事吗？"中年人很诚恳地说："这次的宣讲会对我来说太有益了，在这期间我多次看我记下的听课笔记，发现您有很多话都说得很好，但是我现在仍然有几个地方有点儿疑问，所以就冒昧地找您来了。"

教授对这样一个好学的人自然十分热情，欣然给出了问题的详细答案。在回答完中年人的问题以后，教授向中年人说出了自己心里的疑惑："抱歉，我能知道你的职业吗？"中年男子很直接地回答说："当然，我是人寿保险公司的推销员。"

哲学教授平时对保险推销员的印象并不怎么好，甚至有些反感，但是这位推销员能够每天坚持上自己的课，并且能够提出非常有深度的问题，这使他不由得对这位推销员有了新的看法。看到哲学教授疑惑的神色，中年推销员开口说："那请问教授，我以后遇到哲学问题时，能不能登门拜访呢？"

教授听了连忙说："当然可以，这是我家的地址。"说完，教授递给了推销员一张写着自己住址的字条。

在这以后，推销员三番五次地带着问题和诚意来拜访哲学教授。后来，当推销员向教授提议买一份保险的衬候，教授爽快地答应了。当推销员办完所有必要的手续走出哲学教授的家门的时候，他自言自语道："哲学结束了，下一个就是经济学。"

这无疑是一个聪明的推销员，也是一位说服高手。教授不喜欢推销员，但是这并不是问题。他有需要的东西，哲学课要有人听，他需要证明自己的价值所在。在这个时候，保险推销员恰如其分地担当起了这个角色。某种程度上，教授在心里认为自己受到了推销员的恩惠，那么作为回报，推销员的一份保险，也变得理所应当。

（2）先向对方提一个要求，失败后就再提一个较低的要求。

有一位心理专家在街上遇到了一位十一二岁的男孩。男孩先做了一番自我介绍，然后问这位先生要不要买几张周六晚年度童子军杂技表演的票，五元钱一张。这位心理专家对这种事情向来没什么兴趣，因此婉言谢绝了。

"哦，既然你不想买杂技表演的票，"男孩说，"那要不要买几块我们的大巧克力？只要一元钱一块哟。"于是，心理专家同意了，买了两块，同时立刻意识到事情有点不对劲，因为：第一，他不喜欢巧克力；第二，他不喜欢随便花钱；第三，他还买了两块巧克力。

这个售卖巧克力的男孩正是运用互惠定律成功卖给了这位不爱吃巧克

力的心理专家两块巧克力。那么在这个推销过程中，小男孩是怎么成功的呢？其实就是互惠原则在影响心理专家，当一个人的要求由大变小时，对方就会因为内疚感由拒绝变成了顺从，即使对方对两样东西都毫无兴趣。运用这一定律，电视节目制作人“会故意在剧本中插入一些审查员肯定会砍掉的台词”，因为只有这样他们才能将他们希望的对白加进来。

（3）免费的策略和送赠品的策略。

快餐店时常会有活动，比如买一份儿童套餐，就可以免费获得里面附赠的玩具。如果没有这个免费的赠品，你也许只是买杯可乐加一个汉堡，但为了这个免费赠送的玩具，你不得不点一个套餐，喝里面你并不喜欢的那种口味的饮料，吃你可能从来不吃的薯条之类的。

便利店的某种新口味的奶茶推出的时候，常常会“买一送一”，通常购买的人都不会拒绝这个“赠一”。有些购物网站推出“购物超过30元免费邮寄”“购买59元商品免运费”之类活动，你感觉这个免费送货能省下一笔运费，你肯定会购买超过30元或59元的商品，而如果没有这项优惠的时候，你可能只会购买10元左右的商品。于是，最后你花费的购物费用远远高于省下来的邮寄费用。

超市就是免费赠送的绝佳场合，消费者经常在那儿得到某种产品的少量试用装。服务人员总是微笑着送上样品，好多人都觉得光是还回牙签或杯子就走开太过分了。于是，他们购买了一些产品，哪怕并不是必需的。

像这样的情况，你一定也遇到过吧。如果你要说服别人购买你的产品，或者让别人购买更多产品，那么学着点儿——免费和送赠品是很不错的说服策略。

二、标签效应："好人啊，你真是大好人！"

有个心理学家做了这样一个实验：他要求一群参加实验者对慈善事业做出捐献，然后根据他们是否有捐献，将部分人分为"慈善的人"和"不慈善的人"，相对应地，还有一些参加实验者则没有被下这样的结论。

过了一段时间后，当再次要求这些人做捐献时，发现那些第一次捐了钱并被说成是"慈善的人"，比那些没有被下过结论的人捐钱要多，而那些第一次被说成是"不慈善的人"，比那些没有被下过结论的人捐献得要少。

心理学家把这种心理现象称之为"标签效应"。心理学家认为，当一个人被别人下某种结论，就像商品被贴上了某种标签。当一个人被贴上标签时，他自己就会做出印象管理，使自己的行为与所贴的标签内容相一致。

那么，标签效应和说服力有什么关系呢？说服专家认为，如果能够善用标签效应，可以对人进行深层次的说服，特别是权威性的预测，将引发说服对象较高期望，甚至可以改变一个人的一生。

曹操是三国时代的强者，但是早年的他只是一个顽劣的少年。后来他遇到了许劭——东汉末年著名人物评论家，据说许劭每月都要对当时风云人物进行一次品评，人称为"月旦评"。

曹操很想知道自己以后的情况，于是央求许劭给自己预测一番。可是许劭是大人物，是名士，他不太喜欢出身不好的曹操，因此不肯说。

顽劣的曹操找了个空子威胁许劭，许劭不得已，就说："你是治世的能臣，乱世中的奸雄。"曹操听了很高兴。

后来，曹操真成了不得的人物。难道说许劭真的能掐会算不成？其实不是的。要是许劭真的这么神，他就不会四处逃难，最终落得个短命的下场。

这个世界上是没有神算的，但是曹操确实从许劭的这句话中得到了益处：这句话让曹操对自己拥有了较高的期望，同时也激发了他的斗志。

事实上，自从曹操得到了许劭的这句评语后，他一下子就变了。不再胡闹，而是热心参与政治，将自己的心思都放在了事业追求上。

可以这么说，曹操后来能够一统中国北部地区，挟天子而令诸侯，成就那么大的事业，除了和他个人的能力有关之外，和当年许劭给他贴的标签也是有很大关系的。

因此，在说服别人的时候，你要注意给人创造积极正面的愿景。当对方接受你所渗透的积极信息，就会按照你描述的内容来重新塑造自我形象，调整自己的角色意识与角色行为，从而产生了神奇的"标签效应"。

弗洛姆先生是一名建筑承包商，他在费城承包建设一座办公大厦。按照合约规定，这座办公楼必须在10个月内竣工。他是这方面的老手了，把一切事情安排得井井有条，看来如期交工是没有问题了。

可是，就在这个时候，他遇到了问题——承包办公楼外部装饰的商人说自己不能如期交货。这样一来，整个工程就得停下来。更糟糕的是，不能如期交工，他将会面临巨额罚款！

怎么办？弗洛姆先生十分焦虑，最后他决定去纽约找装饰承包商面谈。他要说服那个人改变主意。弗洛姆走进那个商人的办公室，没有直接说自己来的目的，而是说："先生，你知道吗？你的姓名在这座城市中是绝无仅有的！这太神奇了！"

弗洛姆的话，让这个商人感到很惊讶："噢？不，我还真不知道。真是这样吗？"

弗洛姆说："今天早上，我下了火车就去查电话簿，想找到你的地址。结果意外地发现，在这座城市里，只有你一个人叫这个名字。真的是绝无仅有啊！"

那个商人来了兴趣，一边顺手取过电话簿查看。果然不错，他的名字是独一无二的！这个发现让商人开始自豪起来："我从来没有注意过这些。我这个姓当然不常见，是一个非常古老的姓氏！我的祖先原籍是荷兰，搬到纽约已经有两百多年了！"

接着，商人兴致勃勃地讲起了自己的家世。弗洛姆耐心地听着，听他讲完了自己的家世，便又换了个话题，谈起他的工厂。

弗洛姆说："原来这家规模庞大的工厂，还有这么曲折的经历，真让人赞叹！先生，你真是一个了不起的人！毫不夸张地说，这家工厂是我所见过的铜器工厂中最整洁，也是最完善的一家。由此可以看出你经营有方。选择你做合作伙伴，是我的荣幸。"

那位经理开心极了，说："是的，我花了一生的精力来经营这家工厂，才让它有了今天的规模，它就是我的荣耀。你愿意参观吗？"

于是，那个商人带着弗洛姆先生一同参观了工厂。在参观的时候，弗洛姆不住地称赞，并且不时地表示自己当初选择他做合作伙伴是正确的。

在整个参观的过程中，他们相处得十分融洽。弗洛姆先生所说的话，没有一个字涉及此次前来的目的。

中午吃饭的时候，那个商人坚持要请弗洛姆先生吃午餐。餐后，承包商笑着对弗洛姆先生说："坦白告诉你，在你来之前，我已经打算放弃你的单子，因为我有几单大生意要做。可是经过刚才的交流，我知道你是个很好的合作伙伴，确如你所说，我们的合作将会很愉快。现在我向你保证，即便是不做别家的生意，我也会把你订的货准时送到的。"

就这样，弗洛姆先生达成了他的说服目的，同时还享受了一顿丰盛的午餐。

当你赞扬对方是一个好人，对方就会真的变好。当然，我们不能期待一次赞扬就可以达成目的，你要学会在给人贴上"好人"标签之后，不断地强化他心中的"好人"概念。当一个人意识到自己是个好人时，他就会变得不好意思拒绝你。这样，在说服的时候，你遇到的阻碍也就会变少。

将标签效应的心理规律，运用于说服，对于管理者而言，尤其具有特别的意义：灵活地运用它，将能激发人的积极性，带来良好的管理绩效。

当一位员工被老板认为是某些方面的能力不行，他也肯定会对自己这方面的能力产生怀疑，进而对自己失去信心，即使他有这方面的能力也不会再表现出来了，员工会认为"老板已经认为自己的能力不行，自己还表现什么呀"。

当然，大多数的管理者通常不会直接表现出太多的言语不满。但是，对一个人的态度并不一定完全通过言语表现出来，当你对一个人的态度很消极时，即使你不说一句话，对这个人的态度也在你的行为中表露无遗，一个眼神、一个动作都会体现出那种不认可，而这些非言语的信号就足以给员工贴上标签了。因此，你要注意了。

或许你会说："员工又不傻，骂他笨他就真的以为自己笨，骂他没前途他就真的觉得自己没前途。我这样骂他，只是'激将法'，是想他变得好一点而已。"这样的观点似乎也有一定的道理，因为就有心理学家在研究中发现，在"标签效应"中，如果贴的标签不是正面的、积极的，那么被贴标签的人也可能由于觉得不公平而产生与所贴标签内容方向相反的行动，也就是说这种"激将法"有时是可行的。

但是，同时我们也应该清楚，如果想使负面的、消极的标签产生正面的效果，需要两个条件：第一，被贴标签者能够理解所贴标签是不是客观、公正的；第二，被贴标签者的独立性要比较强。

如果你是一位领导者，是否能够反思一下自己对下属的态度呢？那些下属被你贴上了坏的标签，他们的行为在你眼中真的像你预计的那样吗？为了更好地避免这种错误行为或观念所产生的不良后果，建议在工作中我们要更多地把注意力放在员工的长处上，而不是把眼光停留在员工身上的缺点。因为每个人都会有缺点，这是一个不可能或很难改变的事实，你要做的就是让他们在工作中扬长避短。

最后，为了保证你的标签说服法收到更好的效果，你要注意几点：

第一，标签要合情合理。要积极、合法，对他人或者事情的发展具有正面的作用。

第二，标签要具有可行性。这里的可行性是指符合行为主体的主客观条件，即具有实现的可能性。

第三，标签要具有挑战性。具有挑战性的，超出于原有水平，但通过努力可能达到的期望，才有吸引力，才有激励性。可望而不可即的或随手可得的期望都是不可取的。

第四，标签要不易察觉。对他人心理的暗示和激励，一定要不露声色地进行，决不能表露出明显的动机，以免引发对方的逆反心理。

第五，标签要持久。要有信心、决心和耐心，即使一时看不出明显的效果，也不要灰心丧气，多试几次，效果自然就会出现。

三、跟风心理："这是潮流，你OUT了！"

有个人在大街上看到了一间房子前面排着长长的队伍，很惊讶：这么长的队伍，难不成是有好东西，不行，我也要去看看。这么想着，这个人就排到了队伍的后面。半个小时后，终于轮到了他。他兴奋地跑进了那间房子，然后就呆住了：那是一间厕所！

是不是觉得很好笑呢？其实我们每个人都做过类似的事情：看到大卖场里人潮涌动，我们也忍不住进去；看到路边围着一群人，我们也会跑过去围观；要是有人站在大街上，莫名其妙地看着天空，也许你也会疑惑地抬头看看——哦，那里有什么奇怪的东西呢？

某化学老师要展示他发明的某种挥发性液体。她对同学们说："这是一种有强烈挥发性的液体，现在我要进行实验，看要用多长时间能从讲台挥发到全教室，凡闻到一点味道的，马上举手，我要计算时间。"

说着，那化学老师打开了密封的瓶塞，让透明的液体挥发……不一会，前排的同学，中间的同学，后排的同学都先后举起了手。不到2分钟，全体同学举起了手。

然而此时化学老师却哈哈大笑起来，大声地说："各位同学，我这里根本就没有什么挥发性液体，那只不过是一些蒸馏水罢了！"

明明是无色无味的蒸馏水，为什么有人会觉得自己闻到了味道？为什么这样的人不止一个？相信其中一定有人根本什么也没有闻到，但是看到别人举手，也跟着举手——他们并不是撒谎，而是受化学老师的言语暗示和其他同学举手的行为暗示，似乎真的闻到了一种味道，于是举起了手。

为什么人们会做出跟随性的行为？心理学家认为，群体成员的行为，通常具有跟从群体的倾向。当他发现自己的行为和意见与群体不一致，或与群体中大多数人有分歧时，会感受到一种压力，这促使他趋向于与群体一致。这种现象，这就叫作从众行为。

股票的投资市场上，从众效应体现得非常具体。一些投资者在资产价格突然下跌造成亏损时，为了满足市场的一些要求或者为了不违反股票市场上的交易规则，这些投资者不得不把自己持有的资产卖出一部分。

这个时候，很多其他的投资者看见这样的情形，也会跟着这些人将自己手中持有的一部分股票抛售。尽管自己手中的一些股票仍然在盈利，这就是从众效应的具体体现。在市场状况好的情况下，会出现这样的现象，在不好的情况下也一样会出现。

人们总是不敢相信自己的判断，而是想："这么多人都做出这样的选择，肯定是有理由的。我还是不要乱来，跟着大队伍走，总是没错的。"可是事实上，跟着大队伍走，往往就是错误的。

一位石油产业的大亨到"天堂"去参加会议，当他来到会场的时候，就发现会议室里座无虚席，已经没有他坐的位置了。大亨很是着急，于是灵机一动想出了一个办法。他向那些坐着的大亨大声喊道："好消息，好消息，'地狱'里发现石油了。"

在座的大亨们听到了这样的话，都急忙站起来，纷纷地向会场的出口跑过去。没多长时间，这个本来座无虚席的会场就只剩下这个来迟了的石油大亨。看着空旷的会场，这个石油大亨想：为什么我的一句话就让这些人都跑去地狱了，难道“地狱”真的有石油吗？他这样一想，于是也跟着那些大亨去了“地狱”。

一个假消息的始作俑者，看见自己发布的消息对人群造成的巨大影响，竟然自己也信以为真。

高明的说服者已经开始利用从众心理来影响人们的行为了。广告商最喜欢告诉我们某种商品最畅销，因为这样他们就不必直接劝我们相信他们的商品质量很好。他们只需要说其他很多人都这样认为，就足以证明他们的商品质量了。

现在一些广告动不动就出现号召许多人追随一个人的镜头，其实就是要造成这样一个印象：大家都去了，我为什么还要思考呢？于是就从众了。雅客糖果的电视广告里，影视明星周迅的广告词是：“想吃糖果的就跟我来吧！”于是，电视画面上就是成群结队的人跟随而去。

有些人为了销售自己的商品，甚至会雇佣几个演员来扮成普通人，装作没有经过事先安排的样子来购买东西。这就是“托”。不明就里的人，看到这些“托”的表演，通常会觉得商品不错，可以买。

有些广告商，为了表现潮流的真实性，会采用所谓的“即兴采访”的方式。广告中的情景是安排好的，参加演出的无疑都是演员，对白也是事先写好的。但是不明就里的观众去看，就觉得这采访是真的，是可信的。

这些高明的说服者正在利用人们的从众心理创造潮流：当别人都不这样做了，我们不做没有关系；当我们周围的人都在做这样的事，我们要是不跟着做，就是落伍，就是跟不上时代的表现。

不要小看了从众心理下的说服。仅仅是潮流的力量，还不足以让你折服。如果你愿意去感受，就会发现，社会群体观念的力量才是最强大的。

有个成绩非常优异的高中生，性格有些内向，但他非常喜欢哲学，所以不听家里人的意见准备投考一所有名大学的哲学系。家长和老师都劝他，但是他不听，在社会舆论的压力下，这个考生最后离家出走了。大多数的人都觉得这个考生是一个忤逆子，对自己不负责在先，对家长不孝在后。

这个高中生所遭遇的压力，就是社会群体观念带来的。在很多人的眼里，他这样好的学生应该考上名牌大学，然后再出来找一份像样的工作，孝敬父母、实现自己的人生目标。这样的做法才符合大家的标准。

然而，这个学生现在却要去学习哲学——这门学问主要研究形而上的概念，看上去虚无缥缈，远不如那些热门的致富学问来得实际。而大家都觉得，经济学、法学、工商管理、医学、计算机或者英语之类的专业更好。

很显然，这名高中生的选择辜负大家对他的期望，他的行为也不符合社会规范和大家的认识，于是他就遭到了大家的指责。

我们经常会这样想，也会这样说："大家都这样做，你为什么要和别人不一样？明明有更好的路可以走，为什么你要去做更困难的事情？你的脑子有病吗？你也太不上道了吧！逆流而行，一定不会有好下场的！"

事实的发展也确乎如此，只有少数逆流而上的人最终获得大成就，而大多数逆流而上的人，结局往往不太好：请你不要误会，以为这些人失败，是因为能力不行，其实真正的原因是群体观念的力量实在太强大了。

下面是利用从众心理来说服的技巧，将让你变社会群体观念的力量为己所用，有效地增强自己的说服力：

（1）告诉对方“这是潮流”！让对方感觉“要是不买的话，就要落伍”！每个人都需要存在感，若一个人意识到自己将被社会所淘汰，他就会关注时尚和潮流，努力让自己跟上时代的脚步。有人认为，引领时尚潮流的，一定是年轻人。其实不是。如果你去看电视，或浏览网页，最劲爆的新闻往往是一些略显老态的明星。过气的明星往往乐于接受最新鲜的娱乐宣传方式——要是不这么做的话，他们就真的完了！

（2）如果你的产品很特别，那么不要去强调如何的特别，你要强调的是这款特别的设计符合现在的潮流趋势。特色意味着与众不同，人们内心虽然很希望自己与众不同，但是在具体行动的时候，考虑到社会群体观念带来的压力，他们又不太愿意接受特色。这个时候，你要告诉对方：这是流行，大家都看好这种特色。

（3）找几个“托”，让他们为你说好话。你要卖东西的时候，就在你的产品旁边附上名人推荐；如果你想要追求某个女孩，那么你就可以让你的朋友或她的朋友帮你说说好话。

四、权威影响：“专家都说了，就这个好！”

众所周知，事实是最有说服力的工具。但是在实际生活中，却未必如此。有的时候，眼见的事实还比不上权威人士的建议有说服力。

一位演艺明星推荐一款治疗颈椎病的药品时，人们往往会毫无理由地选择相信，或者是不自觉地去尝试。而事实上，这位演艺明星对于他所推荐的产品往往一无所知。

而实际生活中就发生过这样的事情：在某位明星代言的保健品出现问题后，明星的fans（粉丝）都在为明星辩解：那位明星使用保健品确实有用，其他人使用后出现问题，是因为体质不对。

权威人士的建议常常可以抹杀一个人对亲眼所见的事实的认识，而固执地去相信一些谎言。这就意味着“谁说的”往往会影响人们的判断。设想一下，你和客户谈话时，引用他所熟知的权威人士的话会怎么样。

有位图书出版商把一本书寄给了总统，诚恳地请求总统给这本书写点评论的话。日理万机的总统没有时间理会他，便敷衍地说：“这本书不错。”

于是，图书出版商马上登广告说：“这是本连总统都说不错的书！”这本书一下子就流行起来了。

过了一段时间，出版商又拿了一本书请总统评论。总统这次学乖了，他说："这本书很不好！"

没想到，出版商又登了广告，声称："这是一本总统很讨厌的书！"大家看到这样一个广告，都十分好奇："这是怎么样的一本书？"于是纷纷购买，结果这本书又火了。

第三次，出版商又拿书给总统。总统再也不上当了，始终不发表意见。结果，出版商再登广告，说："这是一本让总统无法评论的书！"新书再次大卖。

这个小故事说明，无论权威人士说了什么话，如果你善于操作的话，都能够给你的产品带来说服力。也就是说，权威人士说什么不重要，重要的是，这话是权威人士说的。

一个人地位高、有威望，那么他所说的话和所做的事，就容易引起别人重视。所谓"人微言轻，人贵言重"，说的就是这种现象。"贵人"的"贵言""贵事"，往往会帮助我们在沟通中占据主导地位。

有的时候，权威人士根本不需要开口说话，也能够传达出说服力。

据说有个卖马的人，一连卖了三天都无人过问，他就去见相马专家伯乐，说："我要卖一匹马，可一连三天都无人过问。请您无论如何帮助我一下。您只要围着我的马看几圈，走开后回头再看一看，我奉送您一天的花费。"

伯乐同意了，真的去市场上围着马看了几圈，临走时又回头看了看，伯乐刚一离开，马价立刻暴涨了十倍。

只要是权威人士说的话，总是能够得到大家的关注。因此电视广告通常都请名人，由于名人在社会上有一定的公信力，代表着一种权威，大家也比较容易相信他们说的话。

在媒体给出的书评中，如果没有知名人士推荐，绝大多数人都不会太认可这本书。

相反，一本书或许只是出于一个默默无闻的年轻作家之手，但是只要有某些著名人士推荐，这本书的销量一般不会差到哪里去。

现在几乎所有的商品广告都在用名人做代言人，越大牌的明星，代言的品牌就越流行。我们都认准名人的脸去购买商品，却很少有人会问：这个名人自己用这个产品吗？

如果每个人都能够这样问一下，都有冷静的独立思考的能力的话，可能这些名人的效应就小多了，社会也会整体趋向理性。

在世界航海史上，麦哲伦的名字是不得不提的。据资料显示，麦哲伦之所以能够获得西班牙国王的赞助，也正是因为巧妙地运用了权威的力量。

当时，哥伦布在航海上取得了巨大的成功，这催生了许多投机者，甚至有些骗子都想进入王宫寻求国王的资助。很不巧，麦哲伦在当时也不得不和这些人混在一起。

为了表明自己与这些人不一样，麦哲伦采取了一个特别的策略：他在觐见国王的时候，特意邀请了当时著名的地理学家帕雷伊洛一同前往。与其他夸夸其谈的寻求帮助的人有所不同，帕雷伊洛将地球仪摆在了国王面前，开始历数麦哲伦进行航海的必要性以及航海后的种种好处。

在这位权威专家的帮助下，国王决定赞助麦哲伦进行环球航行。事实上，当麦哲伦等人结束航行归来以后，人们发现了他对于世界地理的错误认识，甚至他所计算的经度和纬度也有着诸多的偏差。但是这些已经无关紧要了。最重要的是，他借助权威，成功说服国王资助自己，完成了梦寐以求的事业。

当然，并不是利用权威人士来帮你或你的产品说话，就一定会带来说服力，下面有几点要特别注意：

（1）喧宾夺主。名人的风采，可能会掩盖产品本身的光芒。你的听众将注意力都放在了名人的身上，导致只记住名人，却忽略你和你的产品。

有学者研究认为，有人物形象的广告和没有人物形象的广告相比，前者更能引人瞩目，但是受众对产品的认知度却较后者少。因此，说服的时候，引用名人的话，点到即止便可，不宜太多。

（2）个性不符。各行各业都有名人，但权威、偶像的崇拜及其影响力往往只发生在特定的领域之中，比如医生之于患者，学者、作家之于莘莘学子，歌星之于歌迷，球星之于球迷，等等。脱离特定的领域，权威效应就会锐减甚至荡然无存。

如果你要表达“青春”的感觉，最好找十几岁的小姑娘，而不要三十好几的明星；如果你想要体现产品的“平民”气质，最好找一个邻家女孩，而不要找地产大亨的女儿。

（3）道德风险。名人的道德素质出现问题，其推荐的产品也会受到牵连。如美国超级歌星迈克尔·杰克逊的不光彩事件，也曾让他所代言的企业焦头烂额。虽然这样的尴尬情形不能完全避免，但是在说服过程中，我们最好引用一些没有争议的权威人士的话，以免让人反感，影响你的说服力。

因此，在运用专家和名人的说服力的同时，一定要注意其所带来的负面效应，尽量选择那些更加可靠的人物。

除了名人、专家之类的权威人士能够增强说服力之外，其他形式的权威力量也能达到同样的效果。

（1）机构认证。你去找工作的时候，用人单位常常会问你：“你拿过什么证书吗？”如果你除了学校的毕业证和学位证之外，没有其他的资格认证，可能在说服力方面就会打一些折扣。就算你拿出一个驾驶证，也多少会给你增添一些说服力。如果你能在自己的商品铭牌上加上诸如“FBI”“哈佛大学”“沃顿商学院”“国际防疫中心”或者“ISO9001”之类的标识，那么你的商品就会更有说服力。

（2）名牌也是一种权威。在这个商业社会，无论男女，只要你想要出人头地，你就需要一个吸引人们眼球的品牌。把香蕉变成“阿根廷香蕉”，它的价钱就要比普通香蕉更贵，而且买的人还会觉得它确实更好。某家具声称“意大利原产”，身价便能陡涨几倍甚至几十倍，人们却还乐此不疲地竞相购买……

（3）高昂的价格也能产生类似的权威作用：价格越贵人们越疯狂购买，价格便宜反倒卖不出去。为什么会这样呢？因为在大家固有的观念里，价格会被当成品质信号。人们认为，高价代表高品质，产品定价太低，就会被认为品质一般或品质很低。

事实上，如果你说你的商品是外国名牌，价钱比国产品牌还便宜，消费者头脑里的第一反应往往不是高兴，而是怀疑：你卖的不会是假货吧？外国名牌怎么可能比国产品牌更便宜呢？

很多人会直接根据价格来判定品牌的好坏，所以很多品牌商为了迎合消费者的心理大打价格牌。有些消费者有不贵不买的心态，因此商品定价很贵却仍能卖得动。

一些商品价格越高，越受青睐，因为消费者的购买目的不仅仅是为了获得直接的物质满足和享受，更大程度是为了获得心理上的满足。高定价成了证明产品定位高端的不二法门。

当然，并非所有的消费者都喜好“高价”商品。因此，不能太迷信这个说服策略。

五、稀缺理论："赶紧的，晚了就没货了！"

如果你仅仅表明自己是一个女人，大概没什么吸引力；如果你能表明自己是一个性感的女人，那么你的吸引力可能会迅速飙升，达到30%；如果你是一个美丽而性感的女人，那么你的吸引力将达到70%；如果你是一个美丽、多情、性感的女人，那么你的吸引力将达到90%；如果你是一个美丽、多情、性感、勤劳的女人，那么你就完美了，你的吸引力肯定爆表，每个男人都会想娶你！

为什么会这样呢？因为稀罕！仅仅是女人，那太普通了，大街上除了男人，就是女人。但是性感的女人就不太多了，美丽而性感的女人就更少了，至于美丽、多情、性感、勤劳的女人就像国宝熊猫一样，堪称稀罕。

俗话说：物以稀为贵。稀罕的人能够吸引人，稀罕的事物会受到人们的追捧，价格也大不一样。为什么一个小小的古玩价值连城？为什么一幅名家字画能拍得天价？为什么在日常生活中钻石比水贵重万倍，而在沙漠中水又比钻石重要万倍？就是因为它们稀缺，或者说具备某种意义上的不可替代性。

有个商人出售三件罕见的玉器。一位收藏家看上了这三件东西，想要买下来。商人报价，每件1万英镑，总共3万英镑。收藏家希望商人能够将价格降一点。然而没有想到的是，商人二话没说，拿起其中一件玉器，扔到地上，摔了个粉碎！

收藏家看着地上的碎片，惊呆了！商人却施施然地拿起桌子上剩下的两件玉器，淡定地说："现在这两件东西，报价是4万英镑！"

结果，收藏家再也不说降价的事了，当即就掏出了4万英镑，将两件玉器买了下来。

在这个故事里面，商人的说服手段，就是制造稀缺。本来古玩玉器就是稀缺的物件，收藏家从来没有想过有人会亲手毁掉稀世珍品。但商人就这样做了，结果原本还想讨价还价的收藏家，再也不敢讲价了——因为他怕商人继续砸下去！

要是你到古董店里去，你会发现，那里的商家总是强调自己的古董是唯一的。因为这个行业，就是要制造稀缺，从而造成"物以稀为贵"的处境。当一样东西非常稀少或开始变得稀少时，它会变得更有价值。

因此，为了让自己和自己的产品更有价值，也更有说服力，几乎所有的说服大师都会想到和运用"制造稀缺"的点子。比如著名咖啡连锁品牌店星巴克，有时候会定期推出一些新口味的咖啡，但是这些咖啡有一个销售时间的限制，通常在售卖一到两个月后会停止售卖。

英国著名滑板品牌西拉斯&玛丽亚，设在日本东京的商店有一个规定，每次只能进20人，其他人需要站在门外由工作人员拉起的绳子后面等待。在前一批消费者离开之后，货架上的产品会重新更换。这个规定，不仅没有让消费者感到烦躁，反而让他们乐此不疲。

2005年，国际知名运动品牌耐克推出了限量版飞人乔丹13代低帮鞋，引得数百消费者排起了长队，甚至导致数十位争抢的耐克迷在销售店发生冲突，直到警察赶到才解决了问题。据说，该款耐克鞋在全球仅有150双。

制造稀缺，最后使得顾客为了掏钱而你争我抢，这不是上帝疯了，也不是顾客疯了，是我们大家都疯了。

从经济角度看，稀缺创造价值，让产品产生巨大的溢价。从情感角度看，稀缺产品带来心理的满足，带来疯狂，带来荣耀，带来口碑传播。因此，创造商品的稀缺性，要让人觉得拥有它就是拥有更高的身份和地位。

花旗银行推出的名为“Ultima”的黑色信用卡，被业内人士称为“卡中之王”。这种黑卡不接受申请，只有银行主动邀请客户加入。黑卡的年费高达1万元人民币，但仍然有很多人希望得到它。因为只有极少数的顶级客户才有资格拥有它。

VISA无限卡，也是类似黑卡的最高端信用卡产品，同样是有很高的年费标准，同样不接受申请，持卡人只有经过苛刻的条件审核后才被邀请。而这些能通过审核的持卡人通常来自高收入群体，通常是被业内贯以“金字塔顶端”的1%人群的称谓。

通过刻意制造稀缺，这些信用卡已经不再是单纯的信用产品，而是一个身份与社会地位的象征。

当一种稀缺的事物，受到人们的追捧，而变成身份与社会地位的象征，它已经不需要做出任何的说服，自然就能对人产生强大的吸引力。

有些商家会告诉你：“要买的话，你得赶快，就剩下最后几件了！”这个时候，你要注意了，这话往往存在很大的水分。商家传递出商品数量有限的信息，是为了让你相信该商品很紧俏，从而提高它们在消费者眼中的价值。

和“数量有限”技巧相对应的是“最后期限”战术，也就是对消费者获得商品的机会做出时间上的规定，使得消费者产生紧迫感。

到影楼拍照的时候，摄影师会为你拍海量的照片，选照片的时候你会觉得张张都美，不舍得删除。这个时候，影楼的销售人员就会跟你说：“你尽可能多买一些照片吧，因为存放空间有限，没有购买的相片会在24小时内被销毁。”你想一想，这该多么可惜啊，所以，最终你往往会购买比原套餐数量更多的照片。

每当我们面临某种东西短缺的压力时，一定要问自己：“我想从它身上得到什么？”如果我们的目的是为了通过拥有稀罕物，以获得社会、经济或心理上的优势，那么购买这件短缺物品就是对的。

但是，在很多时候，我们并非是为了拥有而拥有。我们想要一样东西是因为它的使用价值，我们想吃它、喝它、摸它、听它、驾驶它或以其他方式使用它。在这种情况下我们就应该牢记：短缺的东西不会仅仅因为供应有限，就会使它吃起来、喝起来、感觉起来、听起来、驾驶起来或用起来更好。

在说服的时候，你也要注意这一点。假如你卖的是某种稀罕物品，你却始终强调你的产品的使用价值，那么显然搞错了方向。

在生活中，人们会不自觉地采取一些说服策略，这些策略看起来似乎并不高端，还有些老套，但是经过人们长期实践，证明了它们的效果，因此依然被说服高手们频繁采用。这些简单而经典的说服策略，我们应该有所了解。

本章将为你详细介绍生活中的经典说服策略。通过一系列的心理学实验，让你了解经典说服策略的内在规律，让你在运用它们的时候不再盲目。当然，经典说服策略，并不见得适合所有的场合，在运用它们的时候，应当有所思考。

Part 06

说服高手们一般采用的说服策略

一、承诺或让人承诺，都能带来说服力

社会心理学家做了一个实验：在印第安纳州布鲁明顿市随机挑选出一些居民，然后打电话给他们，问如果有人要他们花3小时为美国癌症协会募捐他们会怎么回答。大部分人都不想在调查者面前显得缺乏爱心，因此都说非常乐意做志愿者。几天之后，当美国癌症协会真的打电话来招募义工时，效果显现出来了：自愿去募捐的人数增加了7倍。

为什么会这样呢？因为在我们的社会文化中，非常看重始终如一的优秀品性。我们从小就被教育，要遵守自己的誓言和承诺，说出来的话就要做到。所以，当我们许下了承诺，往往就会努力去践行。而在听到别人许下承诺时，也会很自然地选择相信。

我们一旦做出了某个承诺，就会在内心和外在的压力之下，努力去完成这个承诺。我们会想方设法地证明自己当初的选择是正确的。就像赌徒一样，在下注前，或许他们还在犹豫不决，但是下注之后，他们就明显自信和乐观起来。促成他们发生这种戏剧性变化的，仅仅就是他们做出了一个承诺性的选择。

丹尼和莎莉一见钟情，两个人的感情发展得很快。然而，浪漫的感情终究遭遇到了残酷的现实。丹尼终日忙碌，平日又喜欢抽烟。丹尼的女朋

友莎莉对这段感情深感疲倦："我希望丹尼能够戒掉烟瘾，抽出些许时间陪陪我，而且……我们应该尽早结婚。"可丹尼却一条都做不到。

两人的感情在一次激烈的冲突中告一段落。莎莉宣告他们的感情破裂了，然后搬离了丹尼的家。这时候，莎莉的一位男同事给她打来了电话，而这位男同事曾经是莎莉的追求者之一。于是他们开始约会，很快订了婚，并安排了结婚计划。等日子安排好了，并发出了请帖后，丹尼却开始后悔了，给莎莉打了一个电话，希望他们可以重修于好。莎莉拒绝了，她告诉丹尼自己马上就要结婚了，这是丹尼不能给自己的。丹尼苦苦哀求，说她未婚夫答应给她的幸福自己同样也能做到。莎莉再次拒绝，认为丹尼伤透了她的心，不想再过以前那样的生活。

丹尼许诺愿意为她放弃工作，甚至愿意戒烟。莎莉考虑了一下，认为丹尼也并不是一无是处。结果，丹尼成功地夺回了莎莉。他们重新在一起的前两个月，丹尼确实做到了。但是两个月后，他以抽烟有助于缓解压力为由宣告了这次戒烟行动的失败。丹尼依旧每天忙碌在工作中，而他们的结婚计划也依旧遥遥无期。一眨眼又过了两年，可莎莉却更加投入到这份感情中了。因为经历过这次选择，莎莉认为，在自己的心目中，丹尼始终占据了第一位。

每个人做选择的时候，都会像莎莉一样，当我们经过艰难的抉择，就会坚信自己做出的选择是正确的。我们大多数时候都是在一次次地欺骗自己，以便让自己相信在抉择后，自己的选择是没有错的。

了解了这一点，说服大师们就开始行动了。他们巧妙利用人们的这一心理特点，展开了说服计划。事实上，有经验的说服者都知道，要想成功控制别人的行为，先要得到对方的一个承诺。

事实上，这个策略我们几乎每天都在使用，只是没有人把它系统化或公式化罢了。比如妈妈鼓励小孩考第一名，就带他去游乐园；跨国集团董事长承诺业绩增长，所有员工都可以拿到大礼包等。这个策略的运用其实无所不在。事实也证明，无论是做出承诺，还是获得承诺，都是很有效的说服策略。

某个投资顾问公司想要招揽客户，便召开了“人人可以投资致富”的说明会。主讲人一开始绝口不提他们公司有什么产品或如何投资等技术问题，而是先提出很多假设性问题。例如，他会问在座的与会者是否想让自己的收入提高？是否想定期得到一笔钱去度假？是否想多赚一些钱，以建立孩子的教育基金？是否想快速积累财富，让自己早一点退休？

就这样，主讲人说出了每个人心里的愿望，大家频频点头，但又不太确定能否实现。这时，主讲人就开始信誓旦旦地保证大家都可以实现愿望。也就是说，开场时“承诺”的那些美事，都可以变成事实，只要参加他们公司规划的投资计划，每年就可获利不菲。然后主讲人以一些数据和图表等作进一步说明，并且有公司过去几年的绩效来佐证。

终场，对于投资致富这件事，每个人心中的疑虑都被主讲人转换成“确实可以成真”的肯定句，让参加会议的人打心底相信都可以实现，而方法很简单：只要他们参加这个公司精心设计的投资项目。说明会结束后，台下的听众争先恐后地报名参加投资项目。

投资顾问的承诺说服策略就是这样的：开始的时候，先提出对方所希望实现的美事，做出一定的承诺，以诱使对方做出承诺，然后再利用人们想要保持言行一致的心理压力，迫使对方就范。

下面是一个示范：

说服人员：你是否相信以降低成本来提高基本利润是非常重要的一件事呢？

说服对象：当然。

说服人员：如果我们的产品能够帮助你降低成本、提高基本利润，你是否会购买呢？

说服对象：……

这个潜在客户如何会拒绝呢？这时已经很难让人言行不一致了。因此，最好的销售员几乎在所有说服过程中都会使用这条言行一致的规律。

在家里，我们同样可以采用这个说服策略：

妻子：亲爱的，质量好、设计大方的品牌，一般使用寿命都挺长，这样算来它的综合性能比那些非品牌产品的要高很多，不是吗？

丈夫：啊？是的。

妻子：那么，我就买下这件名牌服装了，虽然价格贵了一点……

丈夫：呃，那……好吧。

丈夫只好同意了妻子的要求，因为这个要求被以优雅的方式提了出来，而且几乎让人无法拒绝。当一个承诺具有主动性、公开性，并且需要付出更多的努力才能做到时，它更容易改变一个人的自我形象和未来行为。比如，策反战俘只需要对方一点点的动摇，然后让他随便写点什么，就会成为他“叛变”的开始。

总而言之，在说服中，承诺的策略很有效。如果你想要增强自己的说服力，那么不妨学习使用这个策略，它主要包括两个方面：第一，你要学会向说服对象做出承诺；第二，你要学会让说服对象做出承诺。

不要怀疑承诺的说服效果，要是承诺没有说服力，爱情电视剧里也就不会总是出现发誓的经典桥段：

当她对他有所怀疑的时候，他通常就会使出绝招："我发誓，这辈子就对你一个人好，我会爱你一生一世，如若不然……"通常他的话还没有说完，这时她就会迅速地捂住他的嘴巴，说："你不要再说了，我相信你。"然后一脸娇羞，依偎进了男人的怀抱里，作幸福状。

看看，这就是承诺的说服力！

二、重复再重复，达成深层次说服

人们头脑中的看法不是短时间形成的，想要让一个人接受一种新观念，也不能只靠一两次交谈。如果你有足够的说服经验，就应该明白，许多话需要经过反复的强调，才能真正进入对方的思想中。

恒源祥的经典广告，想必许多人都看过，其广告画外音是“羊羊羊”，三个字反复说几遍，特别能够引起人们的视听注意力。只要看过这个广告，没有几个人会忘记。

这就是恒源祥播广告的策略——反复述说，反复强调。2008年新春期间，恒源祥的新广告在电视台播放长达60秒，其间把“恒源洋是北京奥运会赞助商”连续说了十几遍，生怕大家不知道，这使每个看过这个广告的人，都有一种抓心挠肝的感觉。

有些人热衷于创意，看不上恒源祥的这种广告方法，但是他们也无法否认这个广告策略的有效性：反复叙述、反复强调，能够强化、加深人们对恒源祥的印象，并提高品牌的认知度。

如果你是做买卖的人，你要通过广告来说服消费者，那么你就要想方设法地让别人把你和你的产品、品牌记住；否则，你的表达就是无效的。聪明的说服者会想方设法让你记住他。

谭木匠集团是一家生产实用工艺品的企业，主要产品是木梳。一直以来，谭木匠集团既没有采取经销商的方式来经营产品，也没有采取媒体广告的方式来推广自己的产品，而是采取加盟店的方式来销售产品。

每当顾客走进店内，销售人员就会向顾客详细地介绍产品的工艺以及保健用途，比如木梳经过36道工序制作而成。销售人员非常有耐心，通常都会反复介绍产品，让人的头脑里不断闪现“谭木匠”“36道工序”“保健”“精品”之类的字眼。

重复的话语，具有滴水穿石的力量。许多说服高手都会采用引人注意的词句，不断重复，以加深我们对商品或人物的印象，这其中的道理和暗示的作用是一样的。

美国前总统林肯最有名的话是“来自人民的为人民的人民政府”。如果只是为了表明意思，只要说“人民的政府”就可以了，但是，林肯三次重复使用了“人民”这个词，所以给人们带来了极强的感染力。

的确，民众听了林肯的讲话后，似乎更加强化了人民政府已经诞生的这种意识。这就是重复话语的力量所在。

如果你会经常与人打招呼，往往能够让人对你印象深刻。一次两次打招呼，别人也许不觉得什么，如果经常打招呼，慢慢地对方的印象中就会留下明显的痕迹。

如果你的女朋友认为自己不太美，那么你不妨经常赞美她，比如，“你的眼睛真美”“你的笑容真好看”等。经过反复赞美，她就会开始觉得自己很漂亮，并且更加倾心于你。

一定条件下，重复的次数越多，印象就越深刻。每周一歌或电视剧插曲，刚听第一遍时感到陌生，然而一周下来，便基本会唱了。

德国著名记忆心理学家艾宾浩斯研究发现，熟记一段文字后仅过一个小时，就会忘记了56%，两天后又忘记了16%，此后遗忘的速度就大幅度放慢，6天后虽然还有遗忘，但是仅仅遗忘3%。可见复习应该及时，新记忆的内容最好在短期内再次进行强化记忆。只有不断地强化，印象才会更加深刻。

律师在做陈述的时候，第一句话会说："陪审团的各位女士、先生，我认为某某是无罪的……"接下来，他会把前面提过的证据重新再整理一次，这就像是演讲的主题，到了最后，他一定会将前面的话再说一遍："陪审团的各位女士、先生，所以我坚信某某无罪。"

在沟通的技巧中，这叫作"三句话"。第一句话叫作"告诉他们你准备要告诉他们什么"，第二句话就是"告诉他们"，最后一句话则是"告诉他们你已经告诉了他们什么"。

一场演讲，大致也可以分成这三个层次。演讲的"开场白"其实就是一种"预告"，把你要说的话先说一遍。接下来的"主体"就是阐释你想说的话。到了"结语"，则是把你想说的话再强调一次。

另外，当别人接受了你的要求，答应为你做某事的时候，不要忘记时常地问一问，免得对方忘记。当然，这种提醒式的做法不宜太频繁。

总而言之，重复性的话语，能够让人产生深刻的印象，对于增强说服力而言，具有相当不错的效果。

那么，在说服过程中，该怎么运用这个说服策略，让对方记住我们呢？具体要注意哪些问题呢？

（1）加强刺激的强度：用通俗易懂、朗朗上口的话语。如果你的说服语言复杂而难以理解，很容易让人听得想睡觉。如果你仔细去体会，就会发现在交谈中我们其实都不太留意对方的话，对方说10句话，真正能够让我们记住的，往往不过一两句而已。所以，不要说太多话，要说引人注意、能给人留下深刻印象的话。

看看电视里面的优秀广告语：“我们的目标是——没有蛀牙”“农夫山泉，味道有点甜”“女人更年要静心”“天才第一步，雀氏纸尿裤”……这些言简意赅、朗朗上口的话，如果反复播出，必然能够给听众留下深刻的印象。

（2）提高重复的次数：尽可能多地反复叙述和强调你的话语。不要怕啰唆，虽然人们都讨厌唠叨，但是不可否认的是，唠叨其实很有效。虽然在你唠叨的时候，听者或许会不耐烦，但是唠叨听多了，也会成为一种习惯。当你不唠叨的时候，听者就会觉得不舒服，反而会怀念起你的唠叨。

当然，如果你觉得唠叨真的不太好，那么可以减少重复叙述的次数；不过，最起码你应该在说话结束的时候，再次强调一下你的主题。

三、从小要求开始，渐进式说服

1966年，美国心理学家乔纳森·弗里德曼和斯科特·弗雷泽做了一个实验：他们派人随机访问了加利福尼亚州某居民区内的一些家庭主妇，请求她们把一个小招牌挂在自己家的窗户上。这些家庭主妇们大都愉快地同意了。

过了一段时间，实验者再次走访这些家庭主妇，请求她们将一个不太美观的招牌挂在自己的窗户上，她们也大都同意了。

又过了一些日子，实验者请求这些家庭主妇把一块不仅大而且不太美观的招牌放在院子里，结果依然有超过半数的家庭主妇同意了。

相比之下，心理学家派人随机访问另外一些家庭主妇，直接表示希望将一块不仅大而且不太美观的招牌放在她们的庭院里，结果同意这个要求的家庭主妇的人数不到20%。

心理学家得出结论：个人一旦接受了他人的一个小要求，如果他人在此基础上继续提出一个更高的要求，那么这个人就倾向于答应这个更高的要求。因此，心理学家提醒人们，在接受琐碎请求时务必要小心谨慎，因为一旦同意了，它就有可能影响到我们自身的认知。

我们可以把这个心理规律称之为“得寸进尺效应”，在说服的过程中，我们如果能够利用这个规律，可以帮助我们更快达成说服的目的。同时，也能够降低被人拒绝的概率。

有个人约了一位朋友在一家百货商场见面，朋友还没来。为了打发等人的这段无聊时光，她便走到了商场里的时装区闲逛。

“小姐，这是今年的最新款式，您喜欢的话可以试试。”一位热情的导购小姐走过来满脸笑容地向她推荐。

“哦，我只是随便看看。”

“没有关系。不过，我觉得这款特别适合您，您试试看？”

这个人笑了一下，摇摇头。

“我卖衣服好几年了，我根据您的气质就知道您穿什么样的衣服好看。不信您可以试试效果怎么样。”这位导购小姐极力地夸赞着这个人的气质。

“没事儿，您试完了不买也没事儿，您就当尝试一下全新的风格。如果真的适合，还可以指导您以后买衣服的方向，是不是？”导购小姐一边说一边将衣服从衣架上取下来放在她的手上，“试衣间在那边。”

这个人想：“既然这样，那就试一下吧，反正也可以不买的。”她这样想着，便接过了导购小姐手中的衣服，走向了试衣间。

等她从试衣间出来，导购小姐一看，十分惊讶地赞叹道：“您看，我说得对吧？多好看，简直就像给你量身定做的一样！”

就这样，原本只是随便逛一下商场，这个人在并没有准备购衣的情况下却购买了这件衣服。

这个本来无意购买衣服的人，正是因为满足了这名导购小姐的第一个小要求，所以接下来对于她的更高要求，也就因为面子的问题希望给人首尾一致的印象所以无法拒绝。

在生活中，当你请求别人时，如果一开始就提出较高的要求，很容易遭到别人拒绝；如果你先提出较低的要求，在别人同意后再增加要求的分量，则更容易达到这个目标。

这就是此说服策略的妙处。对于推销员来说，把目标分解，而采取层层递进、得寸进尺的方法，将更容易说服顾客，卖出产品。

有个销售员推销灭蟑药，他跟客户说："我是威猛公司的，我们公司正在举办义务灭蟑活动，我们这里有活动宣传单，嗯，还有一本灭蟑指导手册，赠送给你。你们家有蟑螂吗？我可以免费帮你灭蟑。"

于是，贪小便宜的，放不下面子的，就把此人请进家门，开始灭蟑。灭完蟑，看到人家灰头土脸的，就会给人家倒杯水，小坐一下，这本来就是人之常情。好了，这个时候，销售员就开始说起有关于饮食卫生和蟑螂之类的知识，然后讲起公司的最新产品。

最后的结果是，顾客买了灭蟑药——看到人家这样辛苦，这样热情，怎么好意思不掏钱呢？

当然，这个策略不仅可以运用在推销说服上，还可以运用在员工管理上。比如，在要求下属做某件较难的事情而又担心他不愿意做时，可以先向他提出做一件类似的较小的事情。

在分配任务的时候，也可以这样做。特别是对于一个新人，上级不要一下子对他们提出过高的要求，可以先给一个比较简单的任务。当他们达到这个要求后，再通过鼓励，逐步向其提出更高的要求，这样员工容易接受，预期目标也容易实现。

在生活中教育孩子的时候，你也可以采取这个策略。对学习有困难的孩子，开始的时候不要对他们提出过高的要求，比如，不要一看到孩子考试不及格，就着急上火，大吼大叫："你这书白读了，你看看人家小明，能考90多分，人家还考过满分。再看看你，连及格都考不到！"

为什么开口就要一个学习有困难的孩子考90分、100分？你完全可以先提出一个小要求，当孩子达到这个要求后再通过鼓励逐步向其提出更高的要求，孩子往往更容易接受并力求达到。

记住，使用这个说服策略的关键，就在于第一个问题，你要先让对方说"是"。如果对方开口第一句话，是对你的意见表示认同，那么接下来的说服会顺利得多。那么怎样才能达成这样目的呢？以下是几个要点：

（1）开始提的小要求，应该符合实际，能让对方比较容易就达成。说服孩子去做事情，尤其要注意这一点，即"跳起够得着"，让孩子经过努力能够达到，这样他才能够获得成功的喜悦，才会接受下一层次的目标。

（2）你可以提出多个小要求，但不要一股脑将所有的要求都提出来。把说服对象淹没在要求当中，将会让你失去说服的机会。比如，要求孩子养成良好的习惯，你可以先让孩子学会说"你好"，等到孩子学会之后，再让孩子学"谢谢"，而不要一下子就将所有需要学习的东西都摆在台面上，那样会吓到孩子，让孩子产生畏难情绪，最终退缩。

（3）一定要学会欣赏，保持赞美，不断微笑，对对方的回应做出积极的、鼓励性的评价。一个赞许的点头，一个满意的微笑，一次真诚的祝福，都可能唤起说服对象的热情，使他们获得满足感和自豪感。而当他们拥有满足感和自豪感的时候，也就是他们最愿意接受要求的时候。

（4）你要有这样的思维：去争取更多，而不是获得一切。每个人都想获得一切，但事实上没有人能够做到这一点。我们只能尽力争取更多，为了获取更多，甚至有时候我们还需要做出让步。如果你从一开始就保持着想要获得一切的想法去说服，那么最大的可能就是一无所获——被对方完全拒绝。

四、存异求同，善与人达成一致

在说服过程中，遭遇异议很正常。无论我们多么想说服别人，无论我们认为自己的理由有多么充分，那终归只是我们自己的想法。若是对方的想法和我们的想法完全一致，那还需要我们多费什么唇舌去说服呢？从某种程度上来说，说服就是要化解异议。

但是异议不是那么好化解的，需要掌握正确的方法。有的人一遇到他人的异议，就想驳斥对方，希望从言语论辩上战胜对方，让对方接受他的看法。可是，结果往往适得其反——对方不仅不能接受，还变得更加固执。

所以，当我们听到了异议的时候，不要急着下定论，更不要急着去争辩。我们要明白，对方有权利拒绝我们，但是对方的拒绝并不意味着说服失败，给异议一个商量的余地，或许会峰回路转。

举个例子，当我们想要去一个地方玩，而朋友不赞同的时候，难道自己就此放弃吗？当然不是！在大多数时候，我们会试着商量，极力争取。生活中特别顽固的人毕竟不多，很多事情都有转圜的余地，多做一些努力，或许对方就会改变主意。

事实上，许多人在面对别人的要求发出拒绝的时候，他们的脑袋其实没有进行过充分的思考，只是自我保护的条件反射使得他们说出了“不”字。因此，如果我们听到对方有异议，就轻易地下了结论，那么异议将会变成事实。我们约朋友去一个地方玩，朋友说“不”，然后我们转身就走，结果自然是不欢而散。

所以，我们一定要明白，面对要求表达拒绝，是人们的一种惯性心理。我们完全可以运用说服技巧，去扭转这种局面，达到成功说服对方的目的。如果我们能够很好地运用语言技巧，在很多时候，甚至可以一句话改变局面，最终和对方达成一致。

（1）寻找共同之处，放大共同之处。明确表示出与对方观点的相同处和不同处。不论对方持有什么样的看法或偏见，也不论他的主观认识与你的观点有多大的差异，多数情况下两者之间总会有一些相同之处。扩大你与对方的共同点，并加以利用。

有个女孩要结婚，却遭到了母亲的反对。原来她的母亲嫌女孩的结婚对象条件不够好。在母亲的心目中，女婿在学历、家庭条件、年龄等各方面都得是相当好的。但是，女孩却不在乎这些，结果与母亲的愿望出现了冲突。

母女两个闹得不可开交。媒人来了，说了一番话，但那位母亲还是不同意：“这件事太麻烦您了，不过考虑到小女将来的幸福，我们还是不同意这桩亲事。”

媒人说：“在考虑儿女的幸福这一点上我们是相同的，而且，那个小伙子只是家庭条件不算太好，但人品很不错，相貌也可以，你家女儿也了解他，很满意他。如果你们站在女儿的立场上，考虑她的幸福的话，就请你们重新考虑这桩亲事吧。”

母亲沉默了好一会儿，点头说：“你让我再想想吧。”经过认真考虑之后，这位母亲认为媒人说的话很有道理。如果一定坚持自己的标准，追求理想中的女婿，那么女儿恐怕会很不开心。

因此，那位母亲最终改变了态度，不再反对这门亲事。两个年轻人成为眷属，实在应该感谢媒人的一句话，那位媒人可谓一语惊醒了梦中人，存异求同，放大“儿女的幸福”这一相同之处，最终让那位母亲认真思考，并且接受了这门亲事。

像这样，找到自己与他人的共同处并加以扩大、利用，是说服对方的很有效的办法之一。

有的人听了对方说话后，发现其中有一点自己不大同意，立刻就提出异议，而对方一听，就会以为自己的意见全被否定了，从而很不高兴。在这种场合，我们一定要记得预先说明哪一点，或者哪几方面，自己是完全同意的，然后指出自己与对方意见不同的只限于某一点。这样，对方就容易接受你的批评或修正，因为他知道双方对于主要部分的意见是完全一致的。

即使你所不同意的地方是对方意见的主要方面，你最好仍能预先表达对方意见中你所同意的观点，即使它是最不重要的一点。无论你的意见和对方意见的距离多么远，冲突得多么厉害，我们都要表现出一切都可以商量，并且相信，无论怎样艰难，大家都可以得到比较接近的看法。

（2）“让我们为了共同目标，暂时搁置争议吧！”找到双方共同的目的，可以要求大家做出适当的让步。当然，这种说服策略可以促成合作。

世界上第一部成文宪法诞生于美国，当时正处于独立战争时期，由于许多政治学者的参与，制宪问题因无法达成一致意见而一再拖延。当时的富兰克林是一位政治家，但他同时也是一位伟大的演讲家，经常能使敌对双方化敌为友，扭转不利局势。制宪会议在费城召开时，场面非常混乱，几个党派爆发了激烈的争吵，甚至发展到互相进行人身攻击的糟糕局面。

为了缓和紧张的气氛，平息激烈的冲突，富兰克林发表了一番言论："说心里话，我也不太赞同这部宪法，但是我找不到适合的理由去反对。到今天为止，如果我得到了更好的资讯，也会慎重地考虑，有时候甚至会改变以前的想法。任何重要的问题都一样，原本以为自己的判断是准确的，最终会发现并非如此。虽然今天各位的想法都不一样，但请看在全体美国人共同利益的份上，暂时放下个人之间的争执，共同签署宪法法案吧！"

听完富兰克林的话，反对派们也开始冷静下来，双方最终达成了共识，让宪法顺利通过。

当你需要促成合作关系的时候，可以采取这个策略：不断地提醒对方，大家之所以聚集在一起，目的不是为了争吵而闹不愉快，而是为了共同的目标，所以不要为了鸡毛蒜皮的小事，而破坏了大局。这样可以消除彼此间的分歧，很快达成说服目的。

（3）先对他人的观点表示赞同，然后在赞同的基础上，进行说服。有一个保险业务员滔滔不绝地向客户推销保险，讲了半天，客户说话了："我还是再等等吧，或许还有更好的险种出现。"这就是典型的异议。那么，出现这种情况时，业务员该怎么办？

人家明显不买你的账，难道还要死乞白赖地要人家买吗？很多时候，业务员遇到这种情形，都会悻悻而归，但是这个保险业务员不是这样的，他用一句话改变了局面。

"张先生，我很同意您的看法，也许真的有更好的险种出现。这就像手机和电脑一样，一代比一代好，可我们需要的时候，再贵也得买，不是吗？更何况，手机和电脑我们需要的时候去买就可以了，但保险不一样，保险是不需要的时候买，真的需要的时候就买不到了。所以，为了您的健康和将来，就不要再等了。”

毫无疑问，当业务员这样讲的时候，那位张先生肯定会重新思考要不要买这个保险，因为他产生了动摇——他肯定会想：事情还真是这样，万一以后遇到点儿什么情况，可就麻烦了！

只要说服对象在思想上产生了动摇，那么说服就可以继续下去。双方有异议的时候，不要丧气，也不要灰心，静下心来，好好考虑，是不是能够换个角度，打破异议？

（4）赞美你认同的部分，对不认同的部分，则可以沉默以对。有位女士在结婚之前，形象不太好看，再加上她又不爱打扮自己，因此许多人都对她看不上眼。于是，她变得很自卑。

或许是认识出现了偏差，她认定自己不适合打扮。这个时候，每当有人建议她：“你的发型应该……”她就会怒气冲冲地说：“不用你管，反正我怎么打扮也就这个样子！”

但是，即便形象不好，最终她还是把自己嫁出去了。没想到的是，几个月之后，她就完全变了，变得像电视剧里的女主角一般美丽，与之前的丑陋形象相比，完全判若两人。

原来她被她的丈夫说服了。人们觉得很惊讶，因为大家都知道她的脾气很不好，是很难被说服的。因此，就问她的丈夫，是怎么做到的？

她的丈夫说：“当她穿不适合衣服时，我什么也不说，但是，当她穿上适合她的衣服时，我便会夸奖说‘真漂亮’。发型、饰物也是如此。”

慢慢地，她对打扮有了信心，因容貌而产生的自卑感自然也消除得无影无踪了。

五、抓住关键，聊聊对方关心的话题

有句古话："射人先射马。"意思是说做事要抓住关键。说服也是如此，必须抓住关键的人或事，才能事半功倍。想要博取客户的欢心，就先攻下他的太太；想要让其购买汽车，就先引起他家孩子对汽车的兴趣。几乎所有的推销员都会了解这个技巧。

爱子、爱女、爱妻等，是大家的软肋和弱点，特别是自家孩子的要求，几乎无法拒绝，即便他的要求很荒诞，有时我们都会尽力去满足。其次是爱妻，甚至还有爱车。你或许会觉得荒诞：对一部由铁、玻璃和塑胶构成的机器会产生爱，未免荒唐，但世上的确有不少人因听到别人说他车子的坏话而勃然大怒的。

我们之所以经不起有关亲人的谈话，是因为我们正处于心理学上所谓的自我关怀作用当中。所谓自我关怀作用，即自我和对象紧粘在一起的状态。所以亲人获得称赞，自己也会有被称赞的错觉。我们的爱车、爱宠受到称赞，我们也会洋洋自得，觉得自己也得到了称赞。

对于初次见面的人，要打开其心扉，探查其内心深处，通常是一件相当困难的事情，但是如果我们能够抓住对方关心的人或物，只需要一点点契机，往往能够促使对方开口。

当对方所关怀的事物就在身边，就会给我们这样的说服契机。我们可以和对方聊宠物、爱车，我们可以告诉对方，我们有相同的趣味。正是这些属于私人性质的事情，成为拉近彼此距离的契机，使得话题活跃起来，这是很常见的事情。

在英国大百科全书公司工作的史密斯，曾以相当于100元人民币每套书的价格，向他的同事购买拒绝他们的客户名单。其他销售人员无法说服的客户，史密斯又是怎样成功地说服了其中的一些人呢？

史密斯对客户说：“大百科全书里各个领域的知识都包括了。有了它，就像拥有了一个随身的智囊团一样。我相信，在您以后的工作和生活中，需要用到它的地方一定很多。”客户摇头：“我想我不需要。我是干手艺活的，没有必要准备那么厚的一本书。而且，我一读这种书就想睡觉。我看你还是到用脑子多的人那里去试试吧。”

史密斯说：“谢谢您给我的这个建议。我看见外面有一辆小自行车，您的孩子今年几岁了？”客户说：“6岁了，在上幼儿园大班。”史密斯说：“这么说，明年就上小学了。现在孩子读书挺不容易的吧？”客户点头道：“是啊，现在的学生从小学开始就得去上课外补习班。”史密斯点点头：“嗯，好像是这样的。我高中没有读完就退学了，所以也不知道上补习班是怎么回事。”

客户有些惊讶地说：“啊，是吗？我还以为你是上过大学的人呢。而且，你卖的又是大百科全书这种东西。”史密斯摇摇头，认真地说：“您误会了，这只不过是我的工作而已。但是，您也许不相信，通过这东西我还真是学到了不少知识呢。虽然我没有学历，但真正的知识，我可一点也不比一般大学生知道得少。”

客户笑着说：“是啊，你的谈吐不凡。”史密斯也笑：“您的孩子现在上幼儿园，他是不是经常问您这是什么、那是什么之类的问题？”客户点头："是啊，你说得没错，问得我都有点烦了。他常常问一些我都没法回答的稀奇古怪的问题，我太太也为此觉得头疼。"史密斯笑着说道："您知道吗？父母与子女之间最重要的就是沟通。如果孩子问了家长，家长回答不了，次数多了，孩子以后也就不再问了。统计数据表明，小时候不爱问问题的孩子，上了初中、高中也不会问！"

客户想了想，点头道："嗯，是这么回事啊。"史密斯拍了拍手上的百科全书："我认为大百科全书是一座架在父母和孩子之间的桥梁。如果孩子问您：'这是为什么？'而您又不知道的时候，就可以对他说：'这个爸爸也不太清楚，要不我们一起来查查大百科全书吧。'这样不是可以养成孩子勤奋好学的习惯吗？"

客户点头："你说得确实有道理。"史密斯微笑道："您过奖了，但我确实是这样想的。美国不是有一句谚语说'习惯是第二天性'吗？如果养成了勤奋好学的习惯，就会对智力开发大有好处。即使您的工作用不着，那也可以拿回家和孩子一起用啊！您觉得如何？这本书包含了这么多东西，而且又是彩色印刷，翻开看看也是一种学习呀！"

"说的也是……我太太也在抱怨，说等孩子上了小学，到了高年级就辅导不了他了。"客户摸了摸脑袋，似乎有些想法。史密斯道："是啊，现在的小学生经常需要背很多的东西，已经不是家长能教得了的啦。"

"是啊。"客户说着，指了指史密斯手上的书说，"那么，这本书需要多少钱？"就这样，史密斯卖出了一套百科全书——他的方法就是以客户所关心的孩子做突破口。

以孩子、父母等家人做话题来进行说服，是最为常见的一种说服策略，但它非常有效。还有一种说服策略是不直接跟说服对象交流，而采取迂回攻势，从对方身边的亲人入手，用各种好话赢得对方的孩子、配偶的好感，然后通过孩子、配偶，向对方提出要求，这将让你的说服对象变得很难拒绝。

所以，在说服之前，我们一定要对说服对象进行充分的了解，对方所关心的人或物，都可能成为我们的说服突破口。

打锣卖糖，各爱各行。在现实生活中，人是不可能没有喜好的，每个人都有自己关心的人和爱好的事物，有的人喜欢画画，有的人喜欢唱歌，还有人喜欢下棋、钓鱼、集邮等。还有些人看起来似乎并不爱说话，总是沉默不语，其实完全不是那回事，只是大家没有谈到他感兴趣的话题。

就好像吃饭的时候，我们遇到自己喜欢吃的菜，肯定会多吃一点儿，同样的道理，我们遇到自己感兴趣的话题，肯定会多聊一点儿。因此，在交谈的过程中，多聊一聊对方感兴趣的话题，将有助于我们的说服。

对方爱谈军事，你就从军事上找突破口；对方爱谈艺术，你就从艺术上切入。对方肯定会愿意谈，喜欢谈，慢慢交流下去，你就可以完成自己的说服计划了。

余小姐是个营业员，在某商场卖衣服。这天，来了一位皮肤白皙的女士，想要购买一件衬衫。她帮这位顾客试穿衣服时说："您觉得这件衣服怎么样？是不是摸起来非常舒服？这料子多好啊！肯定适合您穿！"

顾客用手摸了摸衣服，点头称赞："嗯，这料子摸起来确实还可以，只是我看这颜色有点儿难以搭配。"

余小姐忙说："怎么会！我觉得很好啊。再说了，您也认为这件衣服的手感非常好啊！"

"可是，我觉得还是不够好！"说着，顾客放下了衣服。

很明显，余小姐的说服计划失败了。我们再来看，安小姐和顾客是怎么交流的？最终结果又是怎样的？

安小姐说："您觉得这件衣服怎么样？是不是摸起来非常舒服？这料子多好啊！肯定适合您穿！"

顾客用手摸了摸衣服，点头称赞："嗯，这料子摸起来确实很可以，只是我看这颜色有点儿难以搭配。"

安小姐笑了："不会啊！您的皮肤这么好，这样鲜艳的颜色会把您的肤色衬托得更加完美！小姐，您的皮肤真的很好，我在店里很少见到像您这样皮肤白的女士。您一定有什么美白秘诀吧，可以传授我一点儿吗？说实话，我一直在为自己的皮肤不够白，无法随意搭配衣服而苦恼呢！"

说到皮肤，那位女士明显很自豪。她的话多了起来，向安小姐传授了一些美白小窍门，然后开开心心地买走了衣服。

安小姐成功说服顾客，是因为她找到了那位女士感兴趣的话题。通过观察，她知道那位女士一定特别爱谈自己的皮肤。果不其然，一谈到自己的皮肤，那位女士的兴趣就来了。从心理上，她接受了安小姐的说法，买走了衣服。

当我们想要说服某个人的时候，不妨先和对方谈一谈他最感兴趣的事，这样对方往往不能控制自己，而会打开话匣子。如此，我们便能够收集到更多信息，同时，也能够发现对方更多破绽，说服起来也就会更加容易了。

想要说服人，要把握时机，注意分寸。没有哪种说服方法可以运用于所有的说服中。特别是在某些特定情况下，经典的说服方法可能无效，这个时候，你就需要多动一点儿脑筋，转变自己的思维，尝试使用一些特别的方法来达成说服的目的。

本章将为你介绍各种特别的说服方法，这些方法与经典的说服方法相比，显得更加巧妙。当然，使用它们的条件也会更苛刻一些，如果运用不当，可能会造成一些问题。因此，在运用之前，你最好认真考虑一下，确定真的要用它们吗？

Part 07

几个匪夷所思却非常好用的另类说服方法

一、泼冷水、唱反调，也有说服力

古希腊有个神话，说宙斯给潘多拉一个盒子，盒子里面装着这个世界所有的罪恶和苦难。宙斯告诉她绝对不能打开。潘多拉很好奇，越是不让打开，她就越想打开盒子，看看里面到底装了什么。结果她打开了盒子，放出了世界上所有的罪恶。

这种心理在现实生活中确实存在，越是被禁止的东西，人们越感兴趣，越难得到的东西，也就越显得珍贵。

为什么会出现这种现象呢，心理学家认为：人类有一种探究的本能，遇事都想知道个究竟，以揭示其奥秘。就是这个本能激发了人们的好奇心，驱使人们了解开事物的真相。

当别人告诉你某件事不能做的时候，你可能会很想试一试；当别人说你做某事不行的时候，你反而可能爆发出激情。

例如，当上小学的孩子不愿意做某事时，只要加上一句“这孩子不是不做，可能是没有能力做吧”，很奇怪，孩子本来不愿做的事，这时会自动去做。也就是说，这种不说孩子不愿意做，而是故意强调孩子能力不足的激将法激起了孩子战胜不满情绪的自尊心。

这就是激将法。这个方法，在说服中，经常会被使用。但是激将法不能乱用，使用激将法是有针对性的。

公元208年，曹操亲率二十多万大军南征。而这个时候，江东的孙权尚在“抗曹”与“降曹”之间摇摆不定。面对东吴决策人物的犹豫态度，诸葛亮决定前往江东，说服孙权，联刘抗曹。

热情的鲁肃接待了远道而来的诸葛亮。鲁肃是主张抗曹的，因此他很希望诸葛亮能够说服自己的主公。但是他担心诸葛亮说话太刺耳，影响了说服的效果，故而在引领诸葛亮去见主公孙权之前，便特别叮嘱诸葛亮：说话不要过激。

可是，当诸葛亮看到孙权的神情态度、仪表动作，立即就判断对方有很强的自尊之心，因此他确定了说服的策略：此人只有激，不可说。

于是，他不理会之前鲁肃的特别交代，当下就大吹特吹，把曹操的实力格外加码地描述了一番，而且一点也不委婉地建议孙权：如果不能早下抗曹决心，不如干脆投降保命。

孙权听了诸葛亮如此直白的劝告，当即就回敬一句：“如果真是你说的那样，那么刘备为什么不向曹操投降？”

诸葛亮微笑着说：“过去有齐国人田横，逃亡海上，还能够守住节义，威武不辱，真可谓壮烈之士。更何况我主公是王室之后，英才盖世，为天下人所敬仰。如果大业不成，那是天意如此，又怎么能够臣服于乱臣贼子呢！”

诸葛亮的一番话，好像就是说：“你孙权怎么能跟我们主公刘备相比？”这让自尊心极强的孙权如何受得了。因此，孙权当即勃然变色，拂衣而去。鲁肃还以为诸葛亮说服失败了呢。可没有想到的是，诸葛亮的这番话，反而激起了孙权抗曹的决心。

接着，诸葛亮与东吴军方第一号人物、外事第一谋臣周瑜对垒，同样采取了激将法。周瑜的自尊心比孙权有过之而无不及，诸葛亮的激将法再次发挥作用，三言两语之下，把周瑜说得直跳脚，轻而易举就将他拉进抗曹的阵营中来了。

鲁肃引着诸葛亮拜访周瑜的时候，周瑜正在邵阳湖训练水师。鲁肃见到周瑜，就开门见山地说："现在曹操派数十万兵马南下，显然有吞并江南的意图，是讲和还是开战，主公一直犹豫不决。将军，您看怎么办才好呢？"

周瑜表情严肃，回答道："曹操挟着天子的名头，他的兵马师出有名，更何况曹操的势力非常强，我们不可以轻易犯险！"

鲁肃听了，连忙说："老主公曾经有遗言，内事不决问张昭，外事不决问周瑜。现在正是需要将军保全国家的时候啊！"

正在两个人争执不休、将要翻脸之时，旁边一直一言不发的诸葛亮突然哈哈大笑起来。周瑜转过头来，好奇地问他："先生，你为何发笑？"

诸葛亮从容回答道："我笑鲁肃太不识时务了！试想曹操极善用兵，天下没有几个人敢于与之对抗。只有吕布、袁术、袁绍少数几个人曾经敢于和曹操交战，现在他们都被曹操灭掉了，天下也就没有人了。现在只剩下刘备不识时务，能与曹操匹敌，尽管他孤身江夏，存亡尚且不可预料。但是，将军，您降曹就可以保全妻子儿女和富贵，即使国家没有了，又有什么可惜的呢！"

鲁肃听了诸葛亮的话，还不明白怎么回事，愣愣地问："先生，您怎么一下子又转过来叫我们去投降呢？"周瑜也有些丈二和尚摸不着头脑，默然不语。

诸葛亮察言观色，对二人说："既然不想战，又不想降，还要教曹操的百万大军退走，那么只有一个办法。”

周瑜顺口问：“先生，你有什么计策可以教曹操退兵？”

诸葛亮回答：“只要献上两个人即可。对于江东来说，献出这两人只不过是九牛一毛；而对曹操来说，此二人则如同至宝。这样一来，曹操必会满意而归。”

周瑜闻听有这样的两个人就可以让曹操退兵，非常高兴，连忙追问“此二人”是谁。

诸葛亮不慌不忙地说：“我听说曹操修建了一座铜雀台，用来蓄养天下的美女，以方便其淫乐。曹操早就听说江东乔公有两个如花似玉的女儿，叫作大乔和小乔，都非常美丽。如今曹军虎视江南，不过觊觎这两个美女而已。将军若将这两个人送给曹操，老贼定会班师而去。这是‘美人计’，将军熟读兵法，为什么不用此计退兵呢？”

诸葛亮说完，周、鲁二人早已面红耳赤。只听周瑜愤愤地问：“曹操想要得到二乔，你如何知道？”

诸葛亮说：“铜雀台建成之时，曹操之子曹植曾献上《铜雀台赋》作为礼颂。”说着，他认认真真地将此赋背诵了一遍，将赋中的“连二乔于东南”改成“揽二乔于东南”，道出曹操要夺取二乔的决心。

谁料周瑜听罢，勃然大怒，蓦然站起，指着北方骂道：“老贼欺人太甚！我与老贼势不两立！”当即表示要说服孙权抗曹。

诸葛亮佯装一脸茫然，问道：“将军何故如此愤怒？”鲁肃便道出大乔、小乔分别是孙策、周瑜之妻的真相。诸葛亮连忙道歉：“将军见谅，亮实不知竟有此事。”

一般来说，傲气十足的人，更加喜欢正面的恭维。因为他对面子看得很重，同时，这类人也非常讲究分寸，正面恭维可以让他飘飘然。如果你对他能够当面多“美言”几句，他很快就会顺从你的意愿。

但是傲气的人也有顽固的时候，如果这样的人不愿意接受你的要求，就可以选择使用激将法，刺激他的自尊心。

在利用激将法来说服别人的时候，可以利用对方的“地位意识”。例如，说服自己的上司时，就要刺激他的“地位优越感”。如果你说“我可能没有能力做这项工作”来强调自己的能力不足，以及掌握的情况不够等，就会刺激对方对自己地位的优越感，他会说“是的，你可能不行，还是我来做吧”而轻易地接受你的说服。

所以，诸葛亮的这个说服方法的关键不在于泼冷水、唱反调，而在于抓住一些人具有强烈的自尊心和地位意识的特点。

二、制造尴尬的无赖方法，也有说服力

美国第六任总统亚当斯很低调，不喜欢在公众场合发表言论，也很少给记者采访的机会。但是凡事总有例外，有一个女记者就成功地获得了采访的机会。她又是如何说服总统的呢？

这位女记者很聪明，她通过分析各种资料，知道总统是一个不喜欢与人交流的人，因此，她认为在公开场合寻求采访机会是很困难的，一定要出奇招才有可能成功。

经过了解，她知道总统还有一个特别的习惯，那就是每天都会早早起床，然后散步、骑马或者去河里裸泳。于是她就想趁此机会，去采访总统先生，或许能够成功。

这天早上，她早早地起床，在总统必经的小路上静静守候。当她看到总统到来，便装作不经意的样子，走了过去，和总统打了一个招呼。很显然，总统并不知道她是记者，于是向她打招呼。

女记者发现，总统果然和传闻中的一样，不喜欢与人交流。当总统和她交谈的时候，看了好几次时间。她心中一动，总统如此在意早上的时间，可见现在不是采访的好时机。于是，她立刻决定向总统告辞。

但她并没有就此离去，而是悄悄地尾随总统来到了小河边。当她看到总统脱光衣服跳进水中之后，便快速来到总统的衣服旁边，对总统说：“早上好啊，总统先生！没有想到，您会在河中游泳。刚才太匆忙了，我

还没有来得及做自我介绍，我是一个记者，请问可以采访您吗？”

总统非常不好意思，他游过来的时候满脸通红。看得出来，他有些担心，或许他怕这名女记者会曝光自己裸泳的形象。他沉声说道：“你想干什么？我喜欢早上游泳，请你离开！”

他的心理状态当然没有逃过这个女记者的眼睛，她很快就揣摩到了总统的心理。于是，她从容不迫地说道：“总统先生，请不要误会，我什么也不想干，只想采访您关于国家银行的看法。事实上，我已经找过您好几次了，但每次到白宫，他们都不让我进去。于是，我悄悄观察您的行踪，发现您有早起运动的习惯。刚才我原本是想对您提出采访请求的，却发现那并不是个好时机。所以，我只好选择现在向您提出这个请求了。当然，您可以不同意我的请求，不过，我会坐在这里一直等下去。如何决定，就看您自己的了。”

总统很讨厌处于这种尴尬的境地，于是对女记者说：“采访可以，但你得先让我穿好衣服。这样吧，你先到树丛里去，我穿好衣服，就接受你的采访。”

女记者笑了：“不！总统先生，这绝对不行！我是不会走的，您若一定要上来，那也没有关系，我记得河的那边，有几个钓鱼的！”最终，总统屈服了，在水里接受了她的采访。

女记者的行为可谓无赖得很，但我们不得不佩服她的智慧，因为她会把握说服的时机，更擅长把握人的心理状态。事实上，她与亚当斯总统之间，有过两次正面的交锋：

第一次，她放弃了说服总统接受自己采访的计划。原因是，她很快就把握住了总统的心理状态。在那个时间段，他根本不可能接受自己的采访，于是她果断地放弃了，她知道坚持下去一定会适得其反。

第二次，她故意来到总统放衣服的地方。这一次，她再次成功地把握住了总统的心理状态。这个时候的总统，除了气愤，还有些惶恐。试问，有哪个总统能够赤身裸体地坦然面对记者？他害怕自己的裸照被传出去，那样影响太恶劣。而这位聪明的女记者，正是把握住了总统此时的心理状态，才大胆地提出了自己的要求。

虽然这位女记者的说服手段，似乎不是君子行径，但是，她毕竟成功了。那么，我们从这个说服案例中能够学到什么呢？说服要把握时机，也把握人的心理状态，尤其要利用说服对象暴露的负面情绪来说服对方。

人在很多时候会暴露出自己的软肋，比如悲观、失望、消极，当然还有开心、激动、积极等情绪。想想看，如果知道你的说服对象心中正喜悦无限，那么对于你的说服，是不是有所帮助呢？所以，一个好的说服者都是心理状态评估师，都能在一开始就准确地把握住说服对方的心理状态。

钓什么鱼就要用什么饵，只有准确地把握住说服对象的心理状态，你才能钓上"大鱼"。当然了，你还是不可能有太多的时间去把握说服对象的心理状态，只有三秒钟，好的说服者只需要一眼，就能摸准脉。

一个好的说服者必须有较强的把握能力。你需要把握的东西是多方面的，其中很重要的一方面，就是说服对象的心理状态。也就是说，你必须通过自己的观察，把握住对方是紧张还是平静，是悲观失望还是积极向上，这些都会直接影响到说服的结果。能够把握说服对象的心理状态的说服者，往往能够对症下药，最终说服对方。

心理状态往往是你攻破对方堡垒的突破口，一旦突破，你就可以长驱直入，但是，这有个前提，那就是你必须快速把握住对方的心理状态。三秒钟之内，你要通过察言观色，找到对方表露出来的蛛丝马迹。比如说对方紧张，那他就会表露出紧张的神情，并且体现在动作上。有些人紧张的时候会拉自己的衣角，有些人紧张的时候会左顾右盼，有些人紧张的时候会口吃，还有些人紧张的时候会满脸大汗，等等。

总之，除了极少数心理素质特别强悍的人，大多数人的心理状态都会表露在外，你是完全可以及时捕捉到的。在你对说服对象的心理状态做出正确的评估之后，就可以采取相应的措施了：对方紧张，你就想办法消除他的紧张情绪；对方悲观，你就想办法让他乐观起来……这些，都可以使你更加轻松地走进对方内心。

所以，女记者的这个说服方法的关键，不在于无赖的做法，而在于准确把握对方的心理。

三、瞬间沉默，不讲话也有说服力

很多人认为，既然想要说服对方，那么就要在口才上见真章。其实不然，偶尔沉默，也能达到说服的效果。有的人认为，沉默意味着无话可说，是说服中的大忌。而事实上，恰到好处的沉默，往往具有非常好的说服效果。

二战即将结束的时候，反法西斯同盟的三位巨头——美国总统杜鲁门、英国首相丘吉尔和苏联领导人斯大林齐聚波茨坦举行会谈。在会议进行期间，杜鲁门别有用心地对斯大林说："美国已经研制成功一种新式杀伤武器，其威力比最先进的导弹还要大许多。"他在说完以后暗示这种新武器就是原子弹，并且反复强调原子弹的杀伤力。

杜鲁门说完之后，双眼一动不动地盯着斯大林，希望能从斯大林的脸上看到一些变化。这个时候，站在一边的丘吉尔也在看斯大林的反应。

但是自始至终，斯大林的表情都丝毫没有变化，仿佛是一堵沉默的墙。他好像对新型武器早有所知。这种沉默，让杜鲁门和丘吉尔都摸不准斯大林的底细。本来，杜鲁门和丘吉尔还打算用新型武器来要挟和恐吓斯大林，想要在战争结束的时候能够多捞点儿好处，但是斯大林的沉默只能让他们将计划作罢。

后来根据斯大林的回忆，当时他沉默而淡定的神情都是装出来的。

实际上，他的心里对杜鲁门和丘吉尔的暗示是非常清楚的，但是他努力控制住了自己的情绪，采用了攻心的策略来消磨对方的锐气。最终，丘吉尔和杜鲁门没有达到预期的目的，这正是由于他们自己在心理上已经认输了。

毫无疑问，这是一场紧张而刺激的战斗，紧张情绪贯穿整个说服的过程，但是睿智的斯大林用“沉默”赢得了胜利。沉默对有些人来说是非常不适应的一种情形，因此具有独特的说服力量。

从本质上来说，人与人之间的交流与互动，自始至终都包含着心理上的抗衡。要想说服一个人，就要了解对方的心路历程和交流时的心理变化。如果我们能够做到这些，就基本上达到了说服的目的。在说服他人的过程中，如果我们能够用沉默使对方不敢轻举妄动，那应该也算是一种极高明的谋略。

在说服的时候，要学会以静制动：世上只有一种方法能让一个人从争辩中获得最大的利益——那就是停止争辩。在说服者与说服对象之间，谁能够沉得住气，谁就抢占了先机，也就可以掌控整件事情的发展方向。

沉不住气的人，在冷静的人面前，往往会以失败告终，因为急躁的心情控制了他们的头脑，使他们不能冷静地思考，没有时间来考虑自己的处境和地位，更不会坐下来认真地思索真正的对策。

在一次商业谈判中，美国商人同日本商人竞争一个产品。刚开始的时候，美国公司的谈判人员介绍本公司的产品。他们利用了一切可能利用到的资源和形式，包括各种图表以及报表，并且用三个投影仪将最主要的信息打在屏幕上，图文并茂，言之凿凿。美国公司的介绍持续了将近三个小时。在此期间，日本公司的代表却一言不发，十分安静地看着美国公司进行展示。

等全部介绍结束以后，美国公司的主管充满期待地问日本代表："你们认为如何？"

日本公司的主管礼貌地笑了笑，微笑着回答道："我们不明白。"当时美国公司的主管就接近崩溃了："不明白是什么意思？为什么不明白？"日本公司的主管继续淡定地说："这一切我们都不明白。能麻烦你们重新演示一遍，好吗？"

美国公司的主管一下子就慌了，于是在谈判中落了下风，要价也被日本公司压到了最低。

话说得多，并不一定具有杀伤力。通常沉得住气的人，往往可以掌控全局。就像一个士兵，不可能在战斗一开始就射光所有的子弹。一个说服高手，也不应该一下子将所有的话都说完。据理力争并不是一种十分明智的选择，很可能会造成负面效果，相反，如果能够以不变应万变，静观事态的发展，反而会收到意想不到的效果。

爱迪生发明了自动发报机后，打算卖掉这项发明，以便有资金建造一个实验室。因为不熟悉市场行情，不知道这项发明到底能卖多少钱，爱迪生就和夫人玛丽商量，但玛丽在这方面也是个外行。

两个人都很发愁，不知道如何向别人报价。最后，玛丽一咬牙，说："就要两万美元吧，你想想看，建造一个实验室至少要这么多钱。"爱迪生说："两万？太高了吧！"

玛丽见爱迪生犹豫不决，就说："要不然，我们在卖的时候先套套买家的口风，让他主动开价，然后再见机行事。”

当时爱迪生虽然说不上家喻户晓，但已经小有名气。一位美国商人听说爱迪生要卖自动发报机的制造技术，就主动上门询问价钱。爱迪生坚持认为要价两万美元太高了，觉得难以启齿，于是一直沉默不语。

商人催问了好几次，爱迪生始终不好意思说出口。最后商人终于忍不住了，就说：“我给你开个价，10万美元，你看怎么样？”

商人的报价让爱迪生大喜过望，这个价格真是太出乎他的意料了，于是他和商人拍板成交。后来，爱迪生对妻子开玩笑说：“真没想到我晚说了一会儿话就赚了8万美元。”

成为一名说服高手，不一定要伶牙俐齿，但要懂得攻心的策略，懂得什么时候该说，什么时候不该说，尤其要知道，什么时候该闭嘴。因此，当我们急于去说服某个人的时候，反而要沉住气，摆出从容不迫的姿态，学会以静制动。

在交流过程中，使用短暂的沉默，还可以引起人们的注意力。一般来说，人们一旦习惯了某一种连续而稳定的刺激，就会逐渐分散注意力。这种心理在人们谈话的时候也是存在的，所以说，如果为了吸引对方的注意力，不妨试着短暂地“沉默”，稍微停顿一下。这样一来，对方就会对你突然的沉默产生疑问，从而开始关注你们之间的谈话。

有经验的演讲高手，在演讲时也经常使用这个方法。在讲台上一言不发，只是看着台下的听众，听众就会认为演讲者接下来要说什么重要的事，就会把注意力放在演讲者身上。当听众开始因不安而四处张望时，演讲者觉得时机成熟，便滔滔不绝地说起来。短暂的沉默会让对方感到不安，一旦不安解除，说服就会变得顺其自然。而很多资深业务员也表示，适时的沉默经常让他们做成大额的交易。

所以，我们要知道，斯大林的沉默说服法，关键不在于不说话，而在于抓住恰当的时机不说话。

四、随便乱说，说产品坏处也有说服力

无论出于什么理由，在想要说服别人时，蒙骗绝对不是好办法。特别是在推销过程中，不坦诚很容易破坏口碑。事实上，有的时候，强调一下不好的方面，让人知道坏结果，反而会让对方觉得我们更加真诚可信。人就是这样，如果他们感觉到了你的真诚，开始信任你，那么，他们被说服的可能性就会更大。

崔小姐从事房产中介工作，是某中介公司的金牌业务员，她说服客户的技巧非常高超。

有一次，她迎来了一个客户，在详细征询过客户的意见后，她很快拿出了自己的方案，为其挑选了房子。

“张先生，根据您的意见，这是我们公司目前最适合您的户型了，”她指着沙盘模型说，“您看，这个小区不仅绿化很好，管理也很规范。这里最大的优势是非常安静。您刚才说，你特别喜欢安静，所以这里很适合您住。”

“是吗？可是我有个疑问：这么好的房子，环境好，还带装修，才卖五十多万元？据我所知，这价格与市场价格相比，有些偏低！”客户提出了自己内心的疑问。

崔小姐笑了：“张先生，这一点正是我要向您解释的。这套房子各方

面都好，唯一的缺陷就是离市中心还有段距离，而且它的附近只有公交线路，没有地铁站，这会使您上下班非常不方便。当然，如果有车，那就另当别论了。我可以坦白告诉您，之前有几位先生也看中了这房子，可是因为交通不便，只好放弃了。”

客户也笑了：“原来如此啊，怪不得这么便宜！不过刚好我有车，那这个问题也就不成问题了。这房子，我要了！”

作为销售人员，如果揭自己的短，那无疑是搬石头砸自己的脚，让自己的客户流失。但是崔小姐恰恰做了这样的事情，她就是要把房子的缺陷说出来，还要把这个缺陷带来的后果也说出来，她觉得这样才是最好的说服方法。

她的做法无疑是最正确的。虽然暴露了房子的缺陷，说出了后果，但也让客户感受到了真诚。

所有人都是只喜欢好的结果，而不喜欢坏的结果。所以当结果未出现时，人人都希望出现好的结果，这是人们正常的心态，但这种心态会使很多人，尤其是那些已经预料到结果并不理想的说服者，不敢把坏的结果告诉对方。他们会认为：告诉对方不好的结果，肯定会影响到“说服战”的结局，这当然大大不妥。

但是人是一种奇怪的动物。人们对于那些舌灿莲花，喋喋不休只讲自己的好处、不讲坏处的人，往往具有强烈的防备心理。如果我们讲的全是好处，反而只会让我们的说服对象萌生退缩的念头，不一定能取得最好的说服效果。

可是如果我们能够适时说出坏处，那就又不一样了：他们会觉得如果连这样的坏处都能说出来，那我们一定是极其真诚了——他们甚至会产生一种放松的心理，觉得不会被欺骗。那么这个时候，说服对方也就变得容易多了。

说服他人玩的是心理战术，只要能够进入对方内心，那么这场仗已经胜了一大半——告诉对方坏处，其实是最高明的心理战术。

虽然不好的结果，对于每个人来说，都是不愿意接受的，但我们都有这样的感觉，就算心里再不愿意接受，还是会想知道真实情况。那么，我们把不好的事情告诉对方，其实就是进入了对方的内心，从情感上对其展开了劝说。我们的潜台词是："虽然事情会出现这样的后果，但是我无意隐瞒你。我是真诚的，希望你能明白。"我们有理由相信，绝大多数人都能读懂这样的潜台词，也能感受到我们的真诚。如此一来，那些看似对我们不利的后果，就变成了我们说服对方的工具。

甚至，有的时候，我们可以有意识地渲染有可能出现的负面结果，使对方产生一种不安或者恐惧感。这会迫使对方放松自己的心理防线，最终被我们说服。

退休基金的业务员向一位客户推销自己的产品，其中一位业务员是这样说的："先生，如果您从现在开始每个月存入3000元，连续20年下来，光本金就有72万元！再加上利息和投资所得到的分红，将更为可观。20年后，您就可以安心享受退休生活了。所以……"

毫无疑问，大多数人听到这种说法，都会有些心动，但是心动归心动，这个过程需要投入大量的金钱，所以很少有人会有购买的冲动。

另一个业务员的说法不同，他是这样说的："先生，根据政府最新的一项统计，只有20%的老人拥有足够的退休金，而80%的老人都必须依赖家人养活。现在的问题是，我们的下一代并不擅长储蓄。根据另外一项统计，现在有储蓄的年轻人还不到我们这一代人的一半。鉴于这种情况，您说，我们能不好好规划自己的退休基金吗……”

结果这位业务员的推销成功率很高。为什么呢？因为老人要考虑自己的养老保障，没有任何保障的晚年生活会让他们特别恐慌，所以，渲染不好的后果，极有可能激发他们心中的恐慌和紧迫感，从而使他们接受说服。

专家研究发现：当一个人听完从正面结果的角度所做的宣传后，他的情绪也是正面、轻松甚至是愉悦的。在这种情绪和环境下，很少有人会受到刺激，产生改变现状的心理冲动。这是潜藏在人内心深处的惰性所致。大多数人会在微笑认可以后继续维持现状，而不是采取行动。这自然会增加我们说服对方的难度。

与此相反，一个人在听完负面结果后，会产生不安甚至恐惧的感觉。这个时候，大部分人会很想改变。我们需要在这个时候适时出现，提供给他们消除这种不良情绪的方案和希望。此时，说服对象一般会产生强大的行动力，而不是一笑置之后继续维持现状。

因此，我们要明白，不管是房地产推销员，还是养老基金业务员，他们的这个说服方法的关键，不在于乱说，而在于抓住人的奇怪心理。

五、吊胃口，故弄玄虚有说服力

当说服对象不想听你的讲述时，该怎么办呢？有一个故弄玄虚的方法就不错，它能够快速地激发说服对象的好奇心，从而帮助你顺利打开说服的大门，达成说服的目的。

你也许会怀疑，故弄玄虚也能说服人？如果不相信，我们就来看一则故事吧：

王先生是一名工程师，他刚刚被调到一个新的工地。初来这个建筑工地，王先生发现工地还在使用的老式测量表，他很不习惯，就想让工地整体换装新式的测量表。他是一个直性子的人，想到就要马上去做。很快，他就找到了工地负责人，向其说明了自己的想法。

出乎意料的是，工地负责人没有接受王先生的建议，理由是整体换装，就要重新学习使用测量表，会耽误工期。王先生不甘心，后来又向工地负责人提了几次，都遭到了对方的坚决反对，甚至到了后来，工地负责人一见到他，就会皱着眉说："那件事不用再提了，我不同意！"

其实这种情况并不鲜见，很多像工地负责人这样的领导者，都习惯通过反对别人的意见来树立自己的权威。面对固执的工地负责人，王先生泄气了，怎么样才能说服他呢？

经过一番思索后，王先生想到了一个办法，决定试试。于是，王工程师买了一个新式的测量表，装在兜里，然后拿着文件去参加会议。会上，当大家讨论问题的时候，他却把那个新测量表从兜里掏出来看来看去，看完之后又放进兜里，过了一会儿又拿出来看。就这样反复几次之后，工地负责人的好奇心被勾了起来，他说："王工，你兜里放的是什么东西啊？你怎么老是看它？"

王先生看了负责人一眼，说："这个啊，就是一个测量表。我发现它和咱们用的不大一样，就多看了两眼。"

工地负责人说："哦，是吗？就是你一直唠叨的那种新式测量表吗？拿过来，我看看。"

王先生随手又把测量表装进兜里，笑说："没什么好看的，反正咱们部门也用不到。我就是发现它挺不错的，就从别的部门那里借了一个来看看，一会儿还要还别人的。"

王先生越是这样说，那负责人的好奇心越强。于是，那负责人来到王工程师身边，非要看看这个测量表和老测量表有什么不同。王先生"拗"不过他，只得拿出测量表给他看，并随口介绍了这个测量表的优点。

随着王先生的讲解，工地负责人的眼睛越来越亮。最后，工地负责人眯着眼睛说："这么方便的测量表，为什么不给我们部门配上呢？我们部门也需要用这种测量表！"

王先生就是通过故弄玄虚，刺激工地负责人的好奇心，从而达成说服目的的。似乎效果非常不错。为什么会如此？还是那句话：未知的事物往往具有致命的吸引力。巧妙地故弄玄虚，王先生让新式测量表很轻松地吸引了工地负责人的注意力。

你想要说服别人，却又找不到对方感兴趣的话题时，不妨故意留下悬念，引起他对未知事物的好奇心。这对你的说服对象有着极强的吸引力。

有个日本人到英国留学，在换灯泡的时候，他发现灯泡的包装纸上都有警告：不要把灯泡放进口中。他觉得非常奇怪：怎么会有这样的警告，谁会闲着没事把灯泡吞到嘴里去呢？

有一天，他和印度同学聊天的时候谈起了这件事。印度同学对他说：“我们那里的灯泡上也是这么印着，因为教科书上说，灯泡放进口中后便会卡住，无论用什么办法都拿不出来。”

听了印度同学的话，这个日本人十分好奇：灯泡表面是光滑的，如果能够放进口中，那么就证明口部足够大，可以容许灯泡出入，理论上是可以拿出来的呀，怎么会拿不出来呢？

于是，充满好奇心和探索意识的日本人决定试验一下。为了以防万一，他还特地去买了一瓶菜油回家，以备卡住之后润滑之用。

等到一切准备就绪，他二话不说便把灯泡放进口中。一切都十分顺利，灯泡一下子就滑入了口中。进去之后，他想取出来，轻轻拉了一下，灯泡出不来。于是，他努力把嘴巴张大，还是拿不出。他连忙拿起菜油，往嘴里倒，但是还是没有办法。

最终，一瓶菜油基本上都进了肚子，灯泡还在嘴里。没办法，他只好打电话向医院求救。但是，当他拿起电话的时候才发现，自己根本不能开口说话。于是，他写了一张纸条，找邻居帮忙。

邻居看到他那个样子，觉得非常好笑。笑过之后，邻居帮助他打电话叫出租车司机。出租车司机看到他的样子，也笑得浑身乱颤，说：“你这家伙的嘴巴太小，如果是我的话，一定可以拿出来。”

到了医院，医院里的病人和医生见了他，也都笑得岔了气。最终医生把灯泡敲碎才拿出来，并警告他下回不要再试了。

就在他满脸通红地开门离开医院的时候，迎面走进来一个人。他仔细一看，就是刚才送他的那个出租车司机……那家伙口中也含着一个灯泡！

你看完这个故事，是不是觉得很好笑？而在好笑之余，心里会不会也有一种冲动："我试试，看到底拿不拿得出来？"你为什么也想试，是因为你也想知道到底卡不卡得住。人的好奇心就是这样来的。

好奇心能够引起人们去探索不知道的事物，但是，这种探索是有利有弊的，既可以让人们去干好的事情，也能驱使人们去干不好的事情。因而，正确利用人们的好奇心，让他们的行动沿着我们需要的方向发展就非常重要。

基于人们的好奇心理，说服大师们开始"装神弄鬼"、故弄玄虚，制造神秘，以吸引别人的注意。

20世纪80年代的一天，香港市民突然发现有家报纸的一个整版几乎全部是空白，以为是漏印了。于是找卖报的商家理论，商家表示没有漏印，然后指点读者仔细看，读者这才发现，大幅空白之中，印着一个小红点，还有三个字母"HBC"。

这让读者觉得莫名其妙，只好加倍注意该报第二天的举动，可是第二天、第三天，到第四天，该报却依然如此。于是，引起了越来越多的人的注意。无数读者去信或打电话质问编辑："你们这是搞什么名堂？这'HBC'又到底是什么东西？"

过了一个星期，该报以整版的篇幅刊登了"HBC"的广告。原来

“HBC”是一种新型手表的牌子，红点是手表中的红色日历。

接着“HBC”手表的强大广告攻势开始了。报纸、刊物、电视、路牌，甚至连霓虹灯都在宣传，形成铺天盖地的洪流，凶猛地涌入每个人的眼里，于是市民们很快接受了它。

“HBC”广告说服策略，就在于吊胃口，引发人们的好奇心。越吊胃口，就越让人们关注：大家都想知道，这是怎么一回事？如果HBC直接在报纸上做广告，可能根本引不起人们的注意。如今，吊胃口以制造神秘，基本上成了厂商吸引顾客的必胜绝技。

通过独特的营销方式，引发人们的好奇感，往往能收到令人意想不到的效果。当然，前提条件是商品质量必须过硬，否则，仅靠“奇特”的招数哗众取宠，无法让生意长久兴隆。

有一位人寿保险推销员在名片上印着“76600”，每个顾客看到这个数字后都感到奇怪，问他这个数字是什么意思，他反问顾客：“您一生中吃多少顿饭？”那些人都答不出来，推销员得意地说：“76600顿嘛！假定退休年龄是55岁，按照人的平均寿命计算，退休之后还剩下大约19年的饭，即20805顿……”然后推销员开始了他的演讲。

有一位推销员对顾客说：“张经理，您知道世界上最懒的东西是什么吗？”张经理感到很迷惑，也很好奇，他从没听过这样奇怪的问题。这位推销员说：“就是您藏起来不用的钱。您可以用它购买我们的空调，让您度过一个凉爽的夏天。”

这些推销员通过特别的技巧，制造神秘气氛，引起对方的好奇，然后在解答疑问时，很巧妙地把产品介绍给顾客。这样顾客就会很容易接受你的产品，比一上来就滔滔不绝地介绍产品效果要好得多。

心理学研究表明，好奇是人类行为的基本动机之一。美国一位从事心理学研究的教授说："好奇与探索，似乎是人的天性。神秘的事物往往是大家普遍关注的对象。"那些人们不熟悉、不知道或与众不同的东西，往往会引起人们的注意，若你懂得利用人人皆有的好奇心，就可以提升说服力。

所以，工地工程师说服方法的关键，不在于故弄玄虚，而在于引起说服对象的好奇心，然后伺机进行说服。

说服的范畴是很广的，不只是用于商品推销，也不只是用于开会，事实上，它早已经深入到生活和工作的各个方面。如安慰、批评、拒绝、道歉、交涉等，都需要有说服力。可以这么说，若你缺乏说服力，在生活和工作的诸多方面都难免会遭遇不顺。

本章将为你介绍现实生活中最常见的说服，告诉你该如何去安慰、批评、拒绝、道歉和交涉，才会更有说服力。在学习和使用这些方法的时候，尤其需要注意多加思考，决不可按部就班，应根据实际情况，灵活运用。

Part 08
现实生活常见的实用说服术

一、这样安慰，对方的心情会更好

当别人遇到不幸时，该如何进行安慰，而不用担心说错话呢？例如，某个朋友生病，你到医院或他家看他，你通常会说："安心休养吧，别想太多，一定会康复的。"或许，你以为这是最完美的安慰了。但在说服高手看来，这些话不过是一种电视上常见的善意客套话，不能算是说到对方心里的真心安慰。

如果这两句话是出自医生或陌生人口中，或许没有不妥。但如果这位病人是你人生或生活中很重要的人，你就不能用这种类似"路人甲"的台词了。这种套话不说还好，一旦你说了，搞不好你们的关系就此疏远了。那么，安慰别人时到底应该怎么说？

假设你的朋友躺在病床上不能走路，但精神很好。那么你去探病时就不一定要说什么安慰的话，有可能那些话他已经听得厌烦了。事实上，病榻生活是相当枯燥的，这时为他说说社会上的新闻、公司里的趣闻或者网络上的笑话，也许就是给他最大的安慰了。

表面上，你没有对对方做出任何心理上的安慰，也没有表现得对他的病情很紧张的样子，但事实上，你分析了他内心的最大需求，直接给他欢乐和情报，应该算是给予了对方你的关心了。

如果你一定要说几句安慰的话，也不要表现出怜悯的神情，没有几个人愿意接受别人怜悯的眼光。你越是同情他，就越让他觉得自己得病是一种痛苦和悲哀。不妨换一种说法看看。

比如："唉！现在我都有点儿羡慕你了，有时间休息！我每天都快忙死了，也想生点儿病，好让自己安静地躺在床上休息几天。"听到这种话，对方也许会说："就你会说，你是不知道生病的苦，我倒是想去工作呢。"心中忧虑也会散去不少。

如果朋友承受不了生活的折磨，无助地痛哭。这时，与其劝对方不要哭，还不如就让他好好地哭一场，宣泄一下悲伤的情绪。然后你再说几句贴心话，他才听得进去。

如果你只会说："你这点苦算什么呢？何必这么烦恼啊？"你不仅没有给他安慰，反而会让他很不爽，甚至生气。因为他心里一定会想："我的苦你懂什么？只会说风凉话，难道我是为了小事自寻烦恼吗？"

在别人遇到不幸的事情，需要安慰的时候，如果你不知道说什么好，那么就不能乱讲。要三思而言，要谋定而言。否则安慰朋友不成，反而多了一个敌人。特别是在没有弄清楚对方忧虑和烦恼的原因时，不要随便乱说话，不要急于下判断，特别不要轻易表达"反对"的意见，我们最好弄清楚事情的经过再说。

有的人为高考落榜而沮丧，有的人为工作失败而苦恼，也有的人为失恋而郁郁寡欢……人们有各式各样的烦恼，而消除这些烦恼的最快方法就是将烦恼说出来。烦恼如果不说出来，一直憋在一个人的心里，问题是永远无法解决的。

解决他人烦恼的心理咨询机构，最重要的任务就是必须使交谈者能够把憋在心里的话说出来，让谈话者说出他想说的，一旦把内心的烦恼都倾吐出来，问题就解决了一半。通常的情形是，交谈者刚开始进入房间时，脸上会带着疲惫的表情，但是等烦恼全部说出来之后，就会带着明朗的神情回去。

这种心理咨询的方法，也可以在日常生活中加以应用。把自己的烦恼坦白地告诉自己周围的人，也可以写信给亲密的朋友或恋人。

以下是安慰他人的一些技巧：

（1）学会聆听。注意，聆听不是保持沉默，而是仔细地听对方说了什么，没说什么，以及话里真正的含意。聆听，是用我们的耳和心去听对方的声音，不去追问事情的前因后果。当对方把烦恼说出来，心情就会好很多。

（2）停下来，弄清楚问题。对话的时候，如果我们没有听懂对方的话，一定要停顿下来，问问对方，把问题弄清楚。安慰的艺术，在于“在适当的时机，说适当的话”，以及“不在一时冲动下，说出不该说的话”。

（3）可以让对方尽情地哭泣。我们应该认同对方的痛苦，但不要试图快速驱散他的痛苦。要允许对方哭泣。哭泣是人体将情绪毒素排出体外的一种基本方式。所以，请别急着拿面巾纸给对方，只要让他知道你的心意就够了。

（4）感同身受。不要忘记，对方也会察觉到我们内心的波动。面对面地安慰人，效果如何同我们内心真正的状态有很大的关联。如果我们对他的遭遇感同身受，不仅会分担对方的痛苦，也需忍受自己内心的煎熬。而对被安慰者而言，这种感同身受的表现与安慰，就是给予他们的最好的礼物。

（5）坦诚表达你的感受。当我们因不知该说什么而感到困窘的时候，当对方对我们说“你根本不明白我的感受”时，我们可以老实地说：“我不明白你的感受，不知道自己该说什么，但是我真的关心你。”

（6）设身处地地想一想对方的感受。当我们问别人“有没有我可以帮忙的地方”时，有时候我们能得到答案，有时候对方也不知道自己需要什么样的帮助，而有的时候，他们会无法开口说出自己真正的需要。这时，你应该设身处地去思考他们到底需要什么样的帮助。

（7）推己及人。在对方遭受痛苦时，即使我们有过类似的经历，也无法百分之百地了解别人的感受，但我们可以用自己的感受去关怀对方。这样做，切记须先耐心地听完别人的故事，再想想有没有必要和对方分享自己的故事，分享的结果是否对对方有益。考虑清楚后再做决定。

最后要特别提醒你的是，在安慰他人的过程中，当对方提出一些我们不同意的意见时，不要说“反对”的话，你可以换个话题。给予安慰并不是告诉别人：“你应该觉得……”或是“你不应该觉得……”人们有权利保有自己的感觉。安慰他人时，不要对他们下判断，不要心想他们正在受苦、需要接受帮忙，而应该给予他们空间去做自己、并认同自己的感觉。最好不要透过“同意”或“反对”他们的选择或处理困境的方法，来表达关心。

二、这样批评，人家才有可能接受

心理学家指出，因为好的行为而受到奖赏的人，学习速度更快，记忆的持续力也更久；因为坏的行为而受到处罚的人，则速度和持续力都比较差。许多的证据显示，我们总是希望得到别人的赞扬，同样，我们也都害怕受人指责。很多时候批评不但于事无补，反而招致愤恨。

如果你的目的只是说服，那么请记住一句智慧之言：在你的批评、责备之语冲出口之前，一定要三思，因为盲目的批评和指责很难达到我们所要的效果，批评的效果远不如耐心的、心平气和的说服。

盲目的批评使人心生防备，并为自己的错误而辩护；它常常伤害一个人宝贵的自尊，伤害一个人的自重感，并激起他的反抗；它所带来的羞愤，常常使你的亲人和朋友的情绪大为低落。

1908年，罗斯福走出白宫，到非洲去狩猎狮子，同为共和党人的塔夫脱当选为总统。当罗斯福回到美国后看到塔夫脱的保守作风，不禁暴跳如雷。

罗斯福开始公开批评塔夫脱，还准备再度出来竞选总统，并打算另组“进步党”。这几乎导致共和党的瓦解。

结果，在接下来的选举中，共和党只赢得了两个区的选票——佛蒙特州和犹他州，这是共和党有史以来最大的惨败。

面对罗斯福的指责，塔夫脱是否承认自己的错误呢？当然没有，他辩解道：“我不知道所做的一切有什么不对。”

既然批评会带来负面效果，那么，我们还需要批评吗？当然需要，只不过我们要注意批评的方式。如果我们能够采取恰当的批评方式，不仅能够化解冲突和矛盾，还能让人心甘情愿地接受批评。

批评被人拒绝的原因只有两种：第一，批评者不了解当事人的处境和造成错误的原因，使当事人感到委屈；第二，批评者站在权威性或高人一等的立场，使当事人感到自尊心受挫而对批评者产生强烈的反感。不管是哪种原因，实际上都是由于批评者不讲求说话的技巧而造成的。

安全检查员乔先生到工地的时候，发现有些工人没有戴安全帽。开始的时候，看到这种情况，他就会立即批评他们，并且命令他们立刻将安全帽戴上。但是结果并不理想。虽然工人们当时接受了他的批评，服从他的指令，戴上了安全帽，但是等到他一离开，工人又会将安全帽摘掉。

经过几次这样的事情后，乔先生不得不改变自己的做法。当他再看见工人没有戴安全帽时，他会微笑着询问对方是不是安全帽戴在头上不舒服、大小不合适。然后，他会对工人讲述安全帽的重要性，建议他们为了自己的安全而戴上安全帽。结果，所有的工人在工作时再也不会忘记戴安全帽了。

为什么乔先生开始的时候批评效果不好，而后来却成功地说服了工人呢？因为他掌握了正确的批评技巧，把命令的口气变成建议的口气。采用恰当的说服方式进行批评，将使你的意见更有说服力，更让人接受。

陈总发现员工老梁最近频频出错，工作效率和业绩每况愈下。陈总并没有对老梁发出严厉的批评，而是趁中午午休办公室里没有人的时候，把老梁叫到了办公室。

陈总对老梁说：“老梁啊，好久没有和你好好聊聊天了，今天中午我正好不困，就占用你一些午休时间，咱俩好好聊聊！”

老梁笑了笑说：“哦，好的。”

陈总说：“老梁，你是一位非常出色的工程师，来公司好几年了，对公司做出的贡献，咱们公司所有人有目共睹：你设计出的图纸让客户非常满意，并因此为公司带来了很大的利益。对此，我代表公司谢谢你！”

说着，陈总停顿了一下，继续说道：“只是最近，我感觉你出了一些状况。你完成一个工程图所需的时间好像延长了，而且质量也达不到以前的高水准，所以，我有些担心，怕你遇到什么困难。如果你遇到了什么难题，一定要告诉我，我们大家共同来解决……老实说，领导对你现在的这种状况不太满意，因为他们对你有更高的期望，所以，如果你真有什么难题无法解决的话，就说出来吧！大家帮你一起想想办法！”

老梁说：“没有什么难题，只是我最近在工作上有些新的想法，这些想法导致我的工作进度变慢了，还好我现在已经摸索出来了。很快，我的工作效率会再上一个台阶，您就放心吧！非常感谢您和公司领导对我的信任，我一定会努力工作，不辜负大家的厚望。”

看，问题轻松解决！陈总肯定了老梁以往的成绩。虽然是批评，但他的批评让老梁很感动。能得到上司如此赏识，老梁自然觉得高兴，毫无疑问，他会做得比以前更好。

如果陈总没有采取这种说服方式，而是把老梁叫到办公室狠狠地批评一通，会出现什么样的情形？作为上司，这样做是很正常的。但作为下属，听到这样的批评，内心肯定不好受，脾气稍微不好的人，甚至可能根本不做解释，拍拍屁股走人了事。

陈总没有直接发表批评，而是采用了委婉地说服方法，不仅达到了批评的效果，同时又避免了负面影响，取得了非常好的效果。这是值得我们学习的做法：先肯定对方的成绩和优点，然后再提醒对方要注意的事情，这样的批评会更容易让人接受。

某老板曾有一位比较粗心的女秘书。有一次，他又发现女秘书给自己的文件中出现了一些错误。他有些生气，但并没有直接批评她，而是对她说："你今天穿的衣服真好看，它使你看起来既年轻又漂亮。"老板的称赞让女秘书受宠若惊，因为她知道老板很少赞美别人。

看到她满面笑容，老板接着说："但你不要骄傲，我相信你处理起公文来，也能和你的穿着一样漂亮。"果然，从那天起，女秘书在处理公文时就很少出错了。

当一个人受到称赞以后，他再去听一些建议，会更容易接受——那事先的称赞就如同苦涩药丸外面的糖衣一样，包裹着批评，使得批评不再那么让人排斥。因此，无论在什么样的情形下，想走近别人，首先就要学会从赞美开始。赞美会给他人一个好心情，使双方很快打成一片。在这样的情形之下，说服计划将会很容易进行下去。

总而言之，批评不是泄愤，不能乱来，若你批评的目的，是为了让对方改正错误，那么你就应该想办法，让对方更愿意去接受你，而不是更讨厌你。以下方法可供参考：

（1）对人怀抱同情心，这样就不会对人吹毛求疵，反而会对其产生错误的原因加以谅解。而且，我们要时刻保持和对方站在同一立场的心态。

（2）说话要温和委婉，杜绝用刺激性或使人听了不舒服的字眼。如果语气令人无法接受，即使对方表面上接受了，心里也会不服气。

（3）话不在多，纠正他人的错误时说得越少越好，最好是一两句话就能使对方明白，然后将话题转到其他方面，不能喋喋不休，让对方产生窘迫甚至反感之情。

（4）面对别人的错误，我们加以指正是应该的，但同时更应该对其正确之处进行肯定或赞扬。这样才能使对方心理平衡，心悦诚服。

（5）在说服他人之前，最好的办法是让对方不知不觉地认可自己的想法，让他觉得是他自己改正了，而不是在你批评之后改正了，这一点非常重要。

（6）对于别人出现的不可挽回的过失，应该站在朋友的立场上恳切地指出来，使他真心地意识到自己的错误并改正，而不应该一味地指责。

（7）语气非常重要，指出别人的错误时最好用请教式的温和语气，没有任何人愿意接受他人自上而下的命令式的口吻。

（8）批评不一定要直言不讳，隐秘地指出他人的错误，能维护对方的自尊心，使他自觉地改正过失。

三、这样拒绝，可以避免尴尬的局面

生活中，难免会遇到需要拒绝他人的事情，若不拒绝，可能我们就会累死。若要拒绝，该采用什么方式，又该怎样去表达呢？

首先，我们认为，拒绝要有说服力，必定需要一个恰当而充分的理由。如果你的理由充分，拒绝自然便有说服力；相反，若是理由不够充分，或者不恰当，说服力不足，便会造成尴尬。

例如，编辑人员常常会为拒绝作者的来稿而大伤脑筋。不管稿件好不好，都是作者的心血，所以，怎样做才能不伤害对方呢？如果你直接对作者说“水平不够”“没有出版价值”之类的话，就会惹恼作者。

这时可以说“你的文章和本社读者的层次不太符合，如果符合本社读者的层次，我一定首先处理你的稿子”“某某出版社可能很欢迎这样的稿子”等，不否定稿子本身，而是劝他选择其他办法。如此拒绝，自然便避免了尴尬状况出现。

由此可见，充分而恰当的理由，对于拒绝来说是多么重要。当你在拒绝别人，而使用理由时，一定要注意。另外，在选择理由时，尽量用客观方面的因素拒绝别人，而不要使用主观看法去拒绝。

如工作忙碌、时间不允许、身体状况欠佳等客观因素，是可以明确告知对方的。例如：“我必须把明天的演讲报告赶出来，实在没时间帮你。”“我现在正赶着去外地出差，帮不上你的忙。”这样的拒绝理由诚恳而真实，足以让对方放弃对你的期望。

而一些主观因素，例如对美丑的评判，或毫无缘由就是不想帮忙等理由，说出来不仅难以让对方接受，还会破坏双方的交情，甚至引发对方的怨恨和不满，最终导致人际关系破裂，使双方陷入尴尬的境地。

下面是几个经常用于拒绝的理由，很有说服力，可以参考：

（1）迷信是一个好理由。采取自己所迷信的一类事物来做借口，绝对是一个好方法。有的人就用“运气不好”“不吉利”之类的理由来拒绝朋友的投资要求。“近几天运气不太好”“最近做事不顺”“我今年的运程大不利”，当然这样的理由很荒诞，但是很有效。

通常在你采用这种理由来拒绝的时候，对方很可能会说：“现在都什么时代了，还相信这个，要相信科学。”你只需要轻轻笑一笑就可以了，最好不要进行过多的解释——因为你的目的不是说服对方相信“运气之说”。

有的人为了提升拒绝理由的说服力，通常会继续解释：“我不是不相信科学，只是运气一说，也不是没有道理的……”然后大谈特谈自己对运气的看法，说什么“宁可信其有，不可信其无”之类的话，这等于画蛇添足，很容易让人厌烦。

为什么会如此呢？因为对方向你提出要求的时候，最想得到的，不是你的解释，而是你的肯定回答。洋洋洒洒的解释，只会让人心生不忿，要是遇上性子急的，甚至会直接爆粗口：“你废什么话啊，行就行，不行就不行，哪那么多叽叽歪歪的？”

因此，解释不要太多，点到即止便可。至于运气一说之真假，存而不论，不必多做分说。

（2）“最近很忙”是一个好理由。在使用这个理由时，一定要将理由描述得具体一些，不要空泛而谈，例如："我现在忙得昏天黑地的，根本没有时间啊，这不，明天还要去北京出一趟差，恐怕没办法帮你了。""我今天约了××谈业务上的事，然后要带他去施工现场看看，大概要很晚才能回来。"理由陈述得越具体，才会显得越真实，听起来也更令人信服，说服力自然也就越强。

有的时候，你还可以适度地夸张一下自己忙碌的工作状态："再这么干下去，我就真的要崩溃了！"或"希望弄完的时候，我还不至于变成木乃伊！"这样的话明显夸大了事实，但它的说服力也不弱。

除了上面两个常见的理由，还有其他一些理由，比如生病、堵车之类的，同样也具有说服力，只是要看你用在什么地方，怎么用。

其次，想要拒绝具有说服力，并且不使人感到尴尬，还必须注意恰当的表达方式。同样的意思，用不同的方式表达出来，给人的感受是不一样的。你可以尝试着比较一下："我认为你这种说法不对"与"我不认为你这种说法是对的"，"你觉得这样不好"与"我觉得这样好"这两种表达方式。我们不难发现，尽管前后的意思是一样的，但在拒绝别人的时候，显然是后者更为委婉，较易为人所接受，不像前者那样有咄咄逼人之势。

（1）在拒绝之前，我们可以先肯定对方的观点，这是一种表达尊重的好办法。有位摄影家很有名，某机构邀请她加入，她委婉地说："承蒙邀请，我感到非常荣幸。我对贵方在摄影界的影响力也十分钦敬，可是我目前的工作实在太忙，无法分身，你的美意我只能心领了。"先抬高对方的地位，让人感觉受用，接下来的拒绝，也就不会让人不舒服了。

有些领导特别擅长这样的拒绝，他最常用的语句就是："这个提议非常好，但目前我们还不宜采用。""好主意，不过我们恐怕一时还不能实行。"先肯定对方的建议和要求的某些方面有可取之处，这可以避免伤害对方的感情，而用“目前”“一时”等字眼，则表示还未完全拒绝，也能让人有所期待。

有人邀请你双休日去郊游，而你对这个时间早已做了安排，怎样委婉拒绝他呢？你可以说：“郊游？太棒了！我早就想和你一起好好到郊外玩玩了，可是……”由于你对没有答应他的要求表示了遗憾，他虽遭到拒绝，但心里还是会理解你的。

又比如，别人要给你的工作加码，你拒绝时，可以这样说：“没问题，但是我现在的任务就像一座座山一样。你能不能过一个月左右再来找我？”这种回答表面上没有断然地拒绝，而是把主动权交到对方的手中，而实际上已经拒绝了对方。

（2）把矛盾引向了另外的地方，告诉对方：我不是不帮你，而是帮不了。例如，有人托你办事儿，你不好当面拒绝，便可以说：“我们单位是集体领导，我不是唯一的负责人。像你的事儿，需要大家讨论，才能决定，不过，这件事恐怕很难通过，最好还是别抱什么希望，如果你实在要坚持的话，待大家讨论后再说，我个人说了不算数。”对方听到这样的话，通常就会无奈地说：“那好吧，既然是这样，我也不难为你了。”

（3）答非所问。对方说：“此事您能不能帮忙？”你可以说：“我一会儿要去参加一个重要的会议。”这种答非所问的话，要比你直接说“不行”好得多。对方会从你的话语中感受到，他的请托得不到你的帮助，只好采取别的办法。

（4）使用商量的语气。在拒绝的时候，你可以让自己的话听起来委婉，可以采用商量的语气。比如，有人邀请你参加某集会，而你有事缠身无法接受邀请，你可以这样说：“太对不起了，我今天的确太忙了，下个星期天行吗？”这句话要比直接拒绝别人好得多。

（5）要学会坚决明确地拒绝，不要让人误解。如果你的拒绝表达得不够明确，很可能让人充满希望，或者误以为你答应了，这样就可能会造成糟糕的事情。当然，在明确地表达拒绝时，措辞可以委婉一些，但一定要让对方一下子就能明白我们说“不”的意图。

例如：“非常抱歉，这件事我恐怕无能为力。”“很对不起，这件事我实在帮不上忙。”“我最近实在很忙，我也不想耽误你，你最好还是找别人帮忙。”“或许你可以去找××，我是肯定帮不了你的。”“我非常想帮你，但对这件事我实在是不在行，一旦不成，既耽误了事情，又浪费了你的时间。你不如找一个更稳妥的人帮你。”

四、这样道歉，对方更愿意原谅你

很多人可能并没意识到，道歉也是一门学问。如果可以真诚、适时、适度地表达歉意，不仅可以体现个人的素养，也可以产生说服效果，对他人起到一定的激励作用。

在路边摊上，有一位客人在吃饭。他吃了几口后，突然往旁边吐出几粒生米。老板看见后，很不好意思地说：“今天米饭煮得比较急，好像有些夹生，您是不是吃了很多生米？”

本来有点儿生气的客人懊恼地摇了摇头，微笑着说：“没有关系，也有很多熟米。”后来，这位客人还来这里吃饭，因为他觉得这位老板是个厚道人。

当我们做错了某件事情的时候，大可不必回避过失，相反，坦然道歉并即时改正才算领悟了说服力的精髓。主动承认错误，你会得到更多。即便你得不到更多的好处，一句道歉，最起码可以消除人家心里的不快。

而假装没在意或者走坚持不道歉的强硬路线，不仅无助于保住个人的影响力，效果还适得其反，而倘若还找借口搪塞，更会遭到别人的鄙视。

当然，并不是说，你道歉了，就一定能够得到别人的原谅。如果不注意道歉的表达方式和态度，同样会惹人反感。

有个人在一家一流的银行里做领导，每次参加同学聚会的时候都会迟到，也许是想让大家都觉得他的身份地位不同了。

每次迟到，他都会说："不好意思，我刚才有一个管理层的紧急会议。"或者"公司的司机不怎么熟悉这儿的路。"然后摆出一副"我和你们不一样，我很忙，本来今天都不能来了"的架势。

这种摆派头的做法只会让同学们都皱眉头。因此，同学们对他的评价很不好，觉得他看不起人，甚至还会有人咒他："那副德行，早晚有摔下来的一天！"

而另外有一位先生，他虽然也迟到了，却没有人对他有意见。非但没有意见，大家还都很同情他。他是一家证券公司的管理人员。

有一次，他迟到了一个小时。他是这样致歉的："实在对不起，说起来都不好意思。现在证券业不好做，今天又出了件麻烦事。公司不景气，不能随便用车，坐地铁换车又换错了。真是对不起大家了！"

听了他的这一番解释，其他人心里会犯嘀咕："真的还是假的呀？"但也不会生气。甚至一些人还会报以同情，发出感叹："唉，真是不容易呀！现在大家都不容易啊！"

不去为自己找一些冠冕堂皇的借口，而是把自己的失败、不如意告诉大家。大家想："原来证券公司的领导和自己一样会犯错误，也不容易呀！"于是大家的心理也就平衡了。

同样是致歉，但是因为解释的方式不同，一个人引起大家的反感，而另一个人却赢得了同情。所以，在致歉的时候，一定要注意方式和态度，如此才能得到大家的原谅。

下面是致歉时需要注意的几个要点：

（1）道歉需要及时。有心理学家指出，做错事后不应过急或太迟做出道歉，最佳“道歉时机”是在犯错后的10分钟至两天之内。如果有些客观因素导致不适合在当下道歉，那么也不宜将时间拖得过久，最晚不要超过一周。否则，一旦对方心中的积怨已深，那么你的道歉效果将会大打折扣。但如果双方都在气头上，立刻道歉的效果也好不到哪里去。在冷静过后的第一时间道歉，才是最为理想的选择。

（2）可以试着用这样的句式：“刚才的事情是我的态度不好，让你受委屈了，我真诚地向你道歉……”在你的道歉中，要包含有几个元素：第一，勇于承认自己的过失，不找借口；第二，认同对方的情绪，因为认同感会起到缓解“疼痛”的作用；第三，真诚地道歉后，试着给出补救办法。

（3）端正自己的态度。千万不要一副“我都向你道歉了，你还想怎样”的态度，那么对方反而会更反感你的行为。态度，决定了道歉的效果，哪怕仅仅一句“我很抱歉……”

（4）选择恰当的道歉方式。如果错误对工作造成了一定的影响，那么比较适合在会议这样的公开场合上进行道歉。这不仅有助于表达你的实事求是的工作态度，还有利于弥补和推进工作的进展。而对于私人之间的摩擦，比如：因为某种态度、用词不妥、沟通不畅而导致的误会，可以适当选择电话或电子邮件的方式进行沟通，或者是私下里进行面对面的交流，效果会更好一些。

尤其对于行事低调和内敛的人来说，在私下的空间，能让双方在较平静的状态下进行沟通。这样既不会在公众面前张扬和放大彼此之间的恩怨，也可以使彼此之间的私人感情慢慢滋养起来。

（5）不要和解释混为一谈。当我们迈出道歉第一步的时候，很容易忽略了自己的初衷。但请不要忘了，别人只有义务接受你的道歉，可没有义务连带你的解释一同接纳。所以，关于那些你为什么会犯错、当时受到哪些不可控因素的限制等的解释，不必详说，哪怕其实你已经做了应急处理将损失降低到最小化，也请你收起所有的委屈和借口，道歉就是道歉，你为错的那部分道歉是完全必要而且合理的。至于其他的问题，你可以重新找机会和对方沟通。

（6）道歉应点到即止，不能过度。不可否认，每个人对于他人犯错后的态度也不尽相同。有的人会表现得豁达和体谅，相信对方会自省；而有的人会气急败坏，故意把事情闹大，甚至更会提出无理的要求。因此，道歉也需要把握“度”，要点到为止而不宜太过自责和夸大，免得对方得理不饶人，对你不依不饶，甚至故意要挟你。道歉只要简短有力即可，而接下来的着力点就是你的解决办法。

（7）用清楚而正确的语言，而非煽动性的文字。通常，受伤害者要的无非是你承认错误，并且表明以后不会再发生此类伤害。因此，如用文字去道歉时，必须注意避免过多情绪性的字眼，在这个时候不适合煽情，因为那对你们并没有帮助，还可能让人觉得你的诚意不够。比如，有的人摆出一副凄凄惨惨的样子去道歉，实际上很让人讨厌，虽然这样可能会让人放过你的过失，但是同样会让人讨厌你并远离你。道歉的重点在于：发出清楚、直接、诚恳的道歉讯息。

（8）不要立刻自以为是地做出自我批评。对自己做出严厉的自我批评，有时可以让你得到好评，有时只会弄巧成拙，让人觉得你很矫情。因此，不要随便做自我批评，而应在道歉之余，主动征求对方有没有好的解决方案。

（9）给对方发泄不满的机会。不要光顾着自己的道歉，而应尽量让对方说出对你的不满之处，这总比积压在心里强。道歉可以说是一个最好的契机，可以让对方尽快释放出心理垃圾，否则不满淤积在胸中，数年不散，你们将永远保持着貌合神离的状态。

最后，要告诉你的是，道歉是一门说服的艺术。如果你真正掌握了这一说服方法的精髓，那么你就应该了解，不但是一件事情会有坏结果，一件产品会有缺点，而且一个人也会有做错事情的时候。若你犯了某种错误，而能够坦诚的话，往往会得到别人的信任。

五、这样交涉，促使对方做出让步

想要获得交涉的成功，必须具备说服思维。但并不是一味遵照那些谈判指导书上的逻辑，那样往往会注重强势，或者双赢，其实这样的思维，反而限制了说服的可能性。妥协、让步也可能带来好结果。因此，谈判最重要的素质是随机应变，灵活运用各种交涉方法，努力达成说服的目的。

（1）诉说一个可能出现的例外情况，让人无可辩驳。

有一位顾客到某商店退换一件高级衬衫，她声明这件衣服没有穿过，主要是她丈夫不喜欢。但是营业员发现这件衬衫有污痕，说："按照我们公司的规定，衣服已经穿过了，是不能退换的。"顾客一听，不肯承认，大声嚷嚷："哪里穿过啊？哪里穿过啊？我根本就没有动过这件衣服。"

营业员没有和对方争辩，而选择了退一步说话的方式："你可能是没有动过，或许你不在家时，你家里哪个人穿过它，你看这污迹是表明有人穿过的。我也经常遇到这样的事，买回家好好的衣服，第二天就被我老公搞脏了。"营业员这样一说，既表达了拒绝退换衣服的意思，同时也给顾客留了一个台阶。

那名顾客想了想，觉得营业员这番话很有道理，便说："难道真的穿过了？我回去问问他。"说着，顾客拿起衣服，走了。

（2）动之以情，晓之以理。

小陆是一名大学生，功课优秀，多才多艺，尤爱书法，其在书法上的造诣很高。有一次，学校举办大学生书法比赛。小陆参赛了，以他的水平，通过初赛肯定没有问题。然而事情出乎意料，公布复赛名单时，榜上却没有他的名字！

小陆很惊异，他认为其中必定有问题。于是，他就找到了学校负责这次书法大赛的王主任，把自己的情况反映上去。然而，王主任发火了："没有上榜，那就只能说明是你水平不够。你现在最应该做的，是回去好好练习，而不是跑到这里来胡闹！"

王主任的批评很严厉，这让小陆一度怀疑自己的水平，但是很快他又坚定了自己的信心，他决定说服王主任，重新检查自己的评分情况。

他是这样表述的："主任，对于一个热爱书法的人来说，这样的比赛很重要。它对于我来说是一次证明自己的机会。榜上无名，就是水平不够，只有这一种可能吗？难道就不可能是评委们出错了吗？我相信自己的水平，也相信评委的水平，可是人都会有疏忽的时候，为什么我们不用事实说话呢？我想核对一下，那样的话，一切就都一清二楚了。"

王主任想发火，但是又觉得这个学生说得在情在理：无论如何，不能冷了一个书法爱好者的心。于是，他说："这样吧，我去评委那里核对一下，再去校长那边反映一下情况。最终结果如何，还是那句话，要看你的水平了。"

小陆说："当然了，我相信我的水平没有问题。其实，我也不愿意为这点儿小事跑来跑去，还得麻烦您，但我总得为自己负责！"

三天后，小陆的名字出现在了复赛榜上，同时，在复赛榜旁边，还加了一张通告，上面说明了学校在统计时漏掉了小陆的名字，现在加上，并向其致歉。

小陆交涉时所说的那段话，紧紧抓住了“在情在理”四个字。首先，他说明了书法大赛对于一名苦练书法者的重要性，这是讲情；其次，他讲了评委可能出现疏忽，这是讲理。入情入理，交涉自然成功了。当然，如果你面对的是一个蛮不讲理的人，那么无论你怎么说，也不可能成功。

（3）想办法增加你的说服筹码。通常情况下，人们都习惯通过列举自家的优势，来增加说服筹码，但你是否见过有人通过做“坏事”来增加自身说服筹码的呢？

某家公司与工会针对员工薪资调整的事情开展谈判。这家公司的总裁不想在薪资调整方面做太大的让步，于是他使用了一个非常手段：和工会领导谈判时，他故意做出激动的样子，发表不当的言论。

这位总裁的言论，激怒了工会，工会强烈要求这家公司总裁公开道歉，而且声称根本没有谈判的余地。媒体把他的这些不当言论大加渲染并传播了出去。

公关部经理问总裁该怎么办？总裁却并没有立刻道歉，他说：“我很明白道歉的重要性，我一定会道歉的，但不是现在。”

接着，他透过第三者向工会领导人暗示，要让公司总裁公开道歉有些困难：“如果总裁的公开道歉，有关薪资和福利的方案，你们是否能够按照公司的要求做出让步？”

这时，工会的人经过商议，觉得公开道歉更重要，只要总裁公开道歉，其他事情工会愿意做让步。

结果就是，公司总裁以公开道歉的方式结束了纷争，并换取了工会在争取薪资和福利上的重大让步。

这位总裁够“奸诈”吧，当大家都以为他是由于一时激动而胡言乱语说错了话的时候，又怎么会想到他是故意这样做的呢？他的目的就是想通过言语上的退让，换取实际的利益。

由此可见，交涉高手常常“无所不用其极”，为了获得更多利益，有的时候甚至会使用一些非同寻常的手段。当然，像这位总裁这样的手段，还是少用为妙。毕竟总裁的身份名誉，也是一笔无形的资产，这样使用是否值得，需要多做思量。

（4）如果你和对方在讨论议题的过程中不顺利，那么就立刻停下来！不要失去理智地一味继续下去，否则你将无法达成协议。或者即使你达成了协议，这项协议也不会长久地维持下去。

一位女士在洛杉矶进行了一场非常敏感的职位收购谈判。第一天一切进展顺利，第二天却出现了问题。因此她停止讨论谈判议题，向对方说：“马克，我们昨天谈得很愉快，但今天却不太顺利。如果这是因为我说了什么或做了什么而造成的，我感到万分抱歉。我希望我们能重回正轨，好吗？”

马克为自己分心表示歉意。大家发现导致谈判不顺利的原因竟然完全与谈判无关。他们双方重新检查了谈判流程，最后成功地达成了协议。

对于交涉来说，纠缠是没有效应的。交涉的目的是为了达成和解或合作，如果交涉的氛围过于紧张，可以暂时休息，缓解气氛，以免因为对立状态不断深入，导致双方谈崩。如果你一味采取纠缠手段，很容易让人反感，很可能导致谈判破裂，因为谈判高手都知道，与无赖交涉是没有效益的。

（5）交涉时要注意心理调控和观念引导。在交涉、谈判的过程中，不管是怎样的谈判对手，都要控制你自身的情绪和态度，不为对方偏激的情绪、语言所左右，要有冷静的高瞻远瞩的气概。同时，努力让对方的情绪保持冷静，消除双方之间的不信任、警戒和敌意感，这是交涉成功的必要条件。多与对方寻找共同点，致力于解决双方共同面临的问题。另外，在交涉、谈判过程中，让对方保住面子，让对方积极地从“交涉成功”的角度去思考，有利于达成说服目的。如果你与人交涉的目的是达成合作，那么你就要时刻传达“相互理解、相互体谅”的观念。

结语

你愿意改变自己吗

说服是人际影响的一种形式，表现为说服者通过谈话让说服对象理解并接受自己的观点。我们在和别人交往，尤其是和陌生人交往时，会有某些要达到的目的。而这些目的或多或少都需要对方接受自己，相信自己。因此，说服的艺术是交往中不可缺少的。

那些白手起家的富豪，无一例外都是顶尖的说服者；那些出身低微的领导者，无一例外也是顶尖的说服者；那些各行各业的拥有高收入的人，无一例外同样是顶尖的说服者。由此看来，要想成功，做一个顶尖的说服者是非常重要的。

各位朋友，读万卷书，不如行万里路；行万里路，不如阅人无数；阅人无数，不如名师点悟；名师点悟，不如跟着成功者的脚步。而你是否愿意被训练成为一个超级有说服力的人，这都是由你性格来决定的而不是你的潜能。

好了，过去的你也许就像一只蚂蚁，十分卑微，没有足够的说服力，使得他人忽视你的存在，但是到了明天，你的一切都将不同了，你将成为一头巨象。当然，前提是你掌握了说服的力量！千万不要小看你的大脑，思想的改变将促成人生的改变；也不要小看你的嘴，它不仅能吃，还能说！

最后，希望阅读本书，成为你人生的一个转折点。因为本书将开启你的沟通之旅。